DÖRTHE BINKERT

All die schönen Wörter

DÖRTHE BINKERT

All die schönen Wörter

die wir vor dem Untergang retten sollten

Mit Illustrationen von Egbert Herfurth

THIELE VERLAG

Vorwort

Sprache ist ein Hort der Erinnerung. Ein Wort, und eine ganze Welt tut sich auf.

Sprache ist aber auch etwas ungeheuer Lebendiges. Sie schafft neue Wörter und Begriffe und folgt damit den Entwicklungen in Gesellschaft und Politik, Wissenschaft und Technik. Sie verändert die Bedeutung von bestehenden Begriffen und wirft veraltete Ausdrücke auf den Müll der Sprachgeschichte. Und manchmal holt sie alte Wörter wieder hervor und belebt sie – oft in abgewandelter Bedeutung – neu.

Sprache hat regenerierende und schöpferische Kraft; sie häutet sie sich wie eine Schlange. Nicht zuletzt assimiliert sie Ausdrücke aus anderen Sprachen – Kriegszüge, Besatzung, friedliche Migration und kultureller Austausch haben über Jahrhunderte, ja Jahrtausende ihre sprachlichen Fingerabdrücke hinterlassen. Heute stellen wir vor allem einen großen Einfluss der englischen auf die deutsche Sprache fest; viele deutsche Wörter werden durch Anglizismen verdrängt oder von vornherein in »Neuschöpfungen« dem Englischen nachgeformt.

Geläufige Wörter sind stabil. Sie bilden den Grundwortschatz, auf den wir alle zugreifen, und verändern sich nur wenig. Seltener gebrauchte Wörter sind »anfälliger«, sie verschwinden eher von der sprachlichen Landkarte. Es sind aber gerade diese Wörter, die der Sprache ihren Nuancenreichtum, ihre Farbigkeit, ihre Originalität verleihen.

Am ehesten erhalten sie sich in den Dialekten. Die alten, regionalen Dialekte verfügen – geprägt durch die Landschaft und ihre Nutzung, ob das nun Berg- oder Weinbau, Fischfang oder Getreideanbau ist – sprachlich über einen großen Reichtum.

An der Sprachgeschichte lässt sich schließlich auch Kulturgeschichte ablesen: Mit den Wörtern, die aus dem Sprachgebrauch verschwinden, gehen auch die Dinge, die sie bezeichnen, verloren, die Werte, die sie umschreiben, Denkweisen, die sich in ihnen niedergeschlagen haben. Und damit verschwindet nicht zuletzt auch ein Teil unserer ganz persönlichen Lebensgeschichte.

Es gibt Wörter, die wir heute gar nicht mehr verstehen. Sie sind unrettbar verloren. Von ihnen ist in diesem Buch nicht die Rede.

Es gibt daneben aber sehr viele Wörter, deren Existenz »bedroht« ist – das sind Begriffe, die wir kennen und meist auch noch verstehen, die aber oft nur noch zum passiven Wortschatz gehören. Die uns vielleicht noch in den Sinn kommen, wenn wir schreiben, die in der mündlichen Sprache jedoch kaum noch benutzt werden.

Eine kleine Auswahl solcher Wörter und Redewendungen stellt dieses Buch vor. Die Auswahl, die hier getroffen wurde, ist sehr persönlich, und allein der Umfang des Buches macht schon deutlich, dass sie auch nicht annähernd umfassend sein kann – gemessen an dem unerschöpflichen Fundus der Sprache.

Sollte es aber gelingen, dass »All die schönen Wörter«, die wir – neben vielen anderen – schon fast in den Wörter-Zoo verbannt haben, noch einmal die lautmalerische Kraft und den Nuancenreichtum der Sprache lebendig werden lassen, denen sie ihr Leben verdanken, dann ist der Zweck dieses Buches erreicht.

Noch schöner wäre es allerdings, wenn es Leserinnen und Leser dazu anregen könnte, in ihre eigenen Erinnerungen einzutauchen und eine ganz persönliche »nostalgische Sprachreise« zu unternehmen.

Wenn Sie die Funde einer solchen Reise dem Verlag zusenden (die Möglichkeiten dazu finden Sie im Impressum), entsteht daraus vielleicht ein neuer Band mit »noch mehr schönen Wörtern«.

Dörthe Binkert

ABC-Schütze

Jedes Jahr aufs Neue schwärmen sie – hoffentlich ausgestattet mit einer bunt gefüllten Schultüte – aus, um die Welt des Wissens zu erobern: die Schulanfänger.

Sieht man sie bei dem Ausdruck *ABC-Schütze* nicht geradezu vor sich, wie sie konzentriert und andächtig mit dem Griffel, den es auch nicht mehr gibt, auf die ersten Buchstaben des Alphabets zielen und das ABC auf die ebenfalls aus unserer Welt verschwundene Schiefertafel bannen? Schwamm drüber!

Heute wird das Wort kaum noch gebraucht, denn die meisten Kinder haben ihre ersten Erfahrungen mit dem ABC bereits gemacht, wenn sie in die Schule kommen. Immer früher übt sich heutzutage, was ein Meister werden will.

Achillesferse

Die Meeresgöttin Thetis badete ihren (sterblichen) Sohn, den griechischen Helden Achilles im Fluss Styx, damit er unverwundbar würde; nur die Ferse, an der sie ihn festhielt, blieb verletzlich. In der Nibelungensage findet sich das Motiv wieder: Siegfried badet im Drachenblut, das ihn unbesiegbar machen soll, doch ein Blatt fällt auf seinen Rücken, und an dieser Stelle wird Hagen ihn tödlich treffen. Heute verwendet man das Wort bildhaft für die verletzliche Stelle eines Menschen oder einer Strategie.

Leider kommt dieser Begriff immer mehr aus der Mode – weil wir uns im Zeitalter der Machbarkeit und des zwingenden Erfolgs nicht mehr verletzlich fühlen wollen? Und fast schon an unsere Unbezwingbarkeit glauben? Die alten Sagen wissen es besser.

Allüren haben

Stars haben Allüren, und Möchtegern-Stars noch mehr. Wer wahre Größe hat, braucht hingegen nicht auf narzisstisches Getue zurückzugreifen, um sich bedeutsam zu fühlen. Wer wirklich etwas zu sagen hat, kann es sich leisten, einfach und unkompliziert zu sein. Diese Menschen wissen: Es ist ein Irrtum zu glauben, dass ein besonders anspruchsvolles Verhalten andere beeindruckt. So wird das Wort, das aus dem Französischen kommt, denn auch eher abwertend im Sinne von *eigenwilliges Gehabe, Getue* gebraucht.

Altbacken

Altes, trockenes Brot: Wer sammelt es noch, um damit die Enten zu füttern? Oder um es in Milch einzuweichen und mit Ei und Zucker »Arme Ritter« daraus zu backen? Und weil kaum noch jemand altes Brot aufhebt, sagt auch niemand mehr: »Guck mal, wie altbacken das aussieht!« So alt und reizlos wie die Baguette von gestern …

Altenteil

Eines war dem Bauern und der Bauersfrau in alten Zeiten sicher: ihr Altenteil, jener Teil des Besitzes, auf den sie sich im Ruhestand zurückziehen konnten. In der Schweiz war das oft ein Bauernhaus *en miniature*, das Stöckli.

Auf jeden Fall enthält dieses Wort eine rettenswerte Botschaft: Die Alten sind ein selbstverständlicher Teil der Gesellschaft, und ihr Anteil daran ist – in jeder Hinsicht – in dem schönen Wort *Altenteil* festgeschrieben.

Altweibersommer

Warum wohl die Spinnweben, die im Herbst manchmal durch die Luft fliegen, *Altweibersommer* genannt und mit der späten Liebe älterer Frauen in Zusammenhang gebracht werden? Als der Begriff zu Beginn des neunzehnten Jahrhunderts gebräuchlich wurde, traute man einer solchen Liebe offenbar noch nicht allzu viel zu.

Der Dichter Jean Paul benutzt dafür den Ausdruck »fliegender Sommer«, damit verband man wohl die Vorstellung vom davon fliegenden Sommer, der dem Herbst Platz macht. In Bayern gibt bzw. gab es noch eine Reihe weiterer poetischer Namen für die feingesponnenen Fäden: *Unser lieben Frauen Gespunst*, *Marienfäden* oder auch *Marienseide*.

Anbändeln

Wer anbändelt, knüpft zarte Bande, die den Geliebten, die Geliebte umgarnen, einwickeln, binden, fesseln und irgendwann an die – unsichtbare – Leine legen sollen.

Anmut, anmutig

In der Anmut verbinden sich körperliche Grazie und liebenswürdiges Verhalten einer Frau. Doch was in den vergangenen Jahrhunderten als weiblicher Liebreiz die männliche Lust erregte und im sechzehnten und siebzehnten Jahrhundert noch das Begehren des Mannes selbst bezeichnete, ehe das Wort nur noch das Wesen einer Frau charakterisierte, scheint heute angesichts der vielen erfolgreichen »bösen Mädchen« nicht mehr allzu erstrebenswert. Wo kommt man – als Frau – denn hin, mit Charme und Schmelz, bezaubernd, reizend und allerliebst? Audrey Hepburn, ja, die schaffte es noch mit Anmut, aber damals, 1957, gab es ja auch noch Zeit für »Liebe am Nachmittag«…

Antlitz

Martin Luther verwendet das Wort *Antlitz* häufig in seiner Bibelübersetzung. Heute klingt der Ausdruck sehr poetisch und feierlich – wir würden uns nie und nimmer ein hässliches Gesicht darunter vorstellen! Und weil ein erhaben schönes, engelgleiches *Angesicht* oder *Antlitz* nicht allzu häufig vorkommt, sprechen wir heute schlicht und einfach vom *Gesicht*.

Au

Wenn wir barfuß durch Wald und Au streifen, können wir nasse Füße bekommen: Die Aue bezeichnet ursprünglich eine feuchte Wiese oder Land am Wasser (auch eine Insel). Der (poetische) Ausdruck für Wiese verschwindet aus dem Sprachgebrauch und begegnet uns heute fast nur noch in Ortsnamen wie Nassau, Spandau, Wetterau.

Augenweide

Der schöne Anblick einer Frau war schon den Minnesängern im Mittelalter eine *ougen weide*. »Süßer Anblick, Seelenfreude, Augenweid und Herzensweide«, jubelt später Johann Wolfgang von Goethe.

In unserer heutigen, von visuellen Reizen überfluteten Welt ist es besonders wichtig, dass die müden Augen sich am Anblick von Schönheit weiden und sich von all der Hässlichkeit erholen können, die ihnen täglich zugemutet wird.

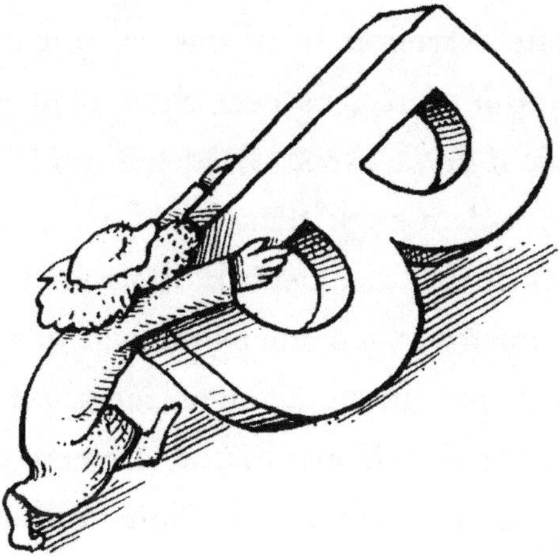

Backfisch

Dieses Wort ist rettungslos veraltet, trotzdem sei es hier noch einmal aus der Versenkung hervorgeholt – weil es dem Jugendwahn unserer Tage Paroli bietet: Es bezeichnete ein junges, noch nicht erwachsenes Mädchen und könnte etwas mit dem englischen *back fish* zu tun haben: dem Fisch, der beim Einholen der Netze zurück ins Meer geworfen wird, weil er zu jung ist und als marktreife Beute noch nicht zählt.

Aber da die kleinen Fische, die kein ganzes Mahl ergeben, andererseits mit Vorliebe als »Backfisch« in die Pfanne und auf den Teller kommen, ersparen wir den jungen Frauen von heute lieber das Schicksal, so bezeichnet zu werden.

Barbier

Der Friseur mag dem Mann ordentlich die Haare schneiden, mit der Bedeutung eines Barbiers kann er nicht mithalten. Der Barbier nahm (und nimmt in den südlichen Ländern) dem Mann den Bart ab (*barba* = lateinisch und italienisch *der Bart*), mit Rasierpinsel, Schaum und scharfem Messer – ein gewichtiges Ritual, für das heute kaum ein Mann in unseren Breiten sich noch die Zeit nimmt. In Frankreich war der Barbier oft auch ein Perückenmacher.

Heute wird die Rasur schnell im eigenen Badezimmer erledigt. Schade, denn der Mann verliert damit nicht nur ein Männlichkeitsritual, sondern auch einen männlichen Verbündeten und Vertrauten. Den *Barbier von Sevilla* gibt es aber immer noch, wenigstens in der Oper, und es kann auch durchaus noch passieren, dass jemand über den Löffel *barbiert* (*balbiert*) wird, wenn man ihn nämlich übervorteilt oder betrügt.

Bärendienst erweisen, jemandem einen

Wenn jemand Gutes tun will, aber nur Schaden anrichtet ... dann hat er dem andern einen Bärendienst erwiesen. Die Redewendung geht auf eine Fabel von Jean de la Fontaine (1621–1695) zurück. In »Der Bär und der Gartenliebhaber« will ein Bär in guter Absicht eine Fliege von der Nase des schlafenden Gärtners vertreiben. Er wirft einen Pflasterstein auf die Fliege – und erledigt damit Fliege wie Gärtner.

Batzen

Früher versuchten die Leute, einen *Batzen* anzusparen, den man im Strumpf unter der Matratze für härtere Zeiten aufbewahrte. Den Batzen konnte man noch wachsen sehen und anfassen, denn er bestand aus Münzen. Schon das heute auch bereits veraltete *Sparbuch* muss den

Batzen-Anlegern dagegen sehr »unreal« vorgekommen sein: da stehen ja nur Zahlen – und wo ist das Geld?

Im frühen Neuhochdeutschen war der Batzen einfach ein dicker Klumpen. Der konnte sogar weich und klebrig sein. Erst später wurden Münzen *Batzen* genannt, zuallererst in Bern, wo das Berner Wappentier, der Bär (*Bätz*) aufgeprägt wurde.

Berserker, wie ein

Berserker bezeichnet den in Bärenfelle gehüllten Krieger und ist ein Ehrenname für die wilden Krieger der nordischen Vorzeit. Schon im neunten Jahrhundert werden sie erwähnt. Jemand »wütet wie ein Berserker«, sagt man heute über einen Menschen, der in wilde, ungebändigte Wut gerät und in seinem Wüten keine Verletzung mehr spürt.

berücken, von etwas berückt sein

Ursprünglich: ein wildes Tier listig täuschend fangen, indem man zum Beispiel Fallen stellte, ein Netz über einen Vogel warf oder bei der Schnepfenjagd einen Fangstrick benutzte. Auch der menschliche Verstand lässt sich leicht berücken und mit List in die gewünschte Richtung lenken.

Heute gebrauchen wir den Begriff eher im Zusammenhang mit verführerischer Schönheit. Aber auch eine berückend schöne Frau kann einen Mann umgarnen, um den Verstand bringen und in die tödliche Falle locken wie einst die schöne Loreley die Schiffer auf dem Rhein.

Blümchenkaffee

Es gibt ihn kaum noch in Wohlstandszeiten, den Kaffee, der so dünn aufgebrüht ist, dass man das

Blumenmuster auf dem Tassenboden durch die »Plörre« scheinen sieht …

blümerant

»Mir ist so blümerant!«, sagt man umgangssprachlich, wenn man sich plötzlich schwach und ein bisschen schwindlig fühlt. Das französische Wort *bleu-mourant* (mattblau) gelangte im Dreißigjährigen Krieg nach Deutschland und hat sich in seiner Verwandlung bis heute gehalten.

Boudoir

Das Boudoir war ursprünglich ein »Schmollzimmer«, denn *bouder* heißt auf Französisch *schmollen*. Aus dem »Schmollwinkel« wurde im achtzehnten Jahrhundert aber sehr schnell das »Damenzimmer«, und auch heute noch assoziieren wir mit dem Boudoir einen sehr weiblichen Ort. Die Vorstellung, dass Frauen ständig schmollen und sich beleidigt in den »Schmollwinkel« zurückziehen, hat sich allerdings verflüchtigt.

Wir haben, wenn wir an ein Boudoir denken, heute eher Vorstellungen von Parfum, Kissen, Schmuck und Federboas im Kopf.

Bratkartoffelverhältnis

Nicht, dass es keine Bratkartoffelverhältnisse mehr gäbe! Nur nennt man sie nicht mehr so. Dabei war dieser Ausdruck von ungeschönter Ehrlichkeit: Er gibt Sex für warmes Essen, Tauschgeschäft in Naturalien sozusagen. Heutzutage können die meisten Männer selbst Bratkartoffeln zubereiten, aber immer noch sollen es manche Männer angenehm finden, eine Frau an der Hand zu haben, die arbeiten geht, das männliche Genie finanziell unterstützt und abends auch noch ein leckeres Essen kocht. Die Liebe, diese Himmelsmacht, lassen diese Männer dann woanders walten, zum Beispiel bei der inspirierenden Geliebten.

Brause

Keine in Flaschen erhältliche Limonade verspricht ein solches sinnliches Glück wie das Brausepulver. Natürlich kann man die grasgrüne Waldmeisterbrause in einem Glas Wasser aufsprudeln lassen und in großen Schlucken austrinken. Auf unnachahmliche Weise hat aber Oskar Matzerath in Günter Grass' *Blechtrommel* vorgeführt, wie das Tütchen am erotischsten genutzt wird.

Nur noch selten zu bekommen ist die echte Fassbrause, die direkt vom Fass gezapft wird.

Brotzeit

Was ist schon ein in Plastik verpackter *snack* gegen die gute alte Brotzeit! Schon die vielen regional verschiedenen Namen für »die kleine Mahlzeit zwischendurch« machen deutlich, wie wichtig das »Pausenbrot« früher war – als willkommene und notwendige Unterbrechung eines langen Arbeitstages. Da gab es die Jause, Marende, das Z'nüni und Z'vieri, das Gabelfrühstück und die Vesper. Die bayrische Brotzeit mit Radi, Obatzda oder Wurstsalat ist aufs Schönste mit dem Biergarten verbunden. Süßer halten es viele Schweizer mit einer Vorliebe für Milchbrötchen (Weggli) und Schokolade, und im Schwarzwald trinkt man beizeiten einen Obstbrand zum Schinken …

Allerdings: den *snack* kann man essen, ohne die Arbeit dabei zu unterbrechen. Für die Brotzeit hingegen muss man schon eine Pause einlegen. Was dem Menschen wohl besser bekommt?

buhlen, um etwas, jemanden

Der Buhle – zunächst immer männlich – ist in alten Zeiten ein Kosename für den Bruder, einen nahen Verwandten oder einen Liebhaber bzw. den Geliebten. Allmählich nahm das Wort ausschließlich die Bedeutung *Geliebter* an. Später wurde auch die weibliche Form gebraucht: »Es war ein König in Thule, gar treu bis an das Grab, dem sterbend seine Buhle einen goldnen Becher gab« – singt Gretchen in Goethes *Faust*.

Wer um jemanden buhlt, wirbt um ihn, versucht, seine Liebe zu erwecken oder bemüht sich außerordentlich um etwas.

Die frühere Verbindung von *buhlen* und verbotener Liebe ist verblasst, nur der Nebenbuhler weckt noch unangenehme Assoziationen, wenngleich sein Werben legitim sein mag.

bummeln

Wer hätte gedacht, dass das gemütliche Bummeln in der Stadt auf die lautmalerische Nachbildung des Glockenklangs: *bim-bam-baum* und, als tiefster Note, *bum,* zurückgeht? Mit dem Klang verband sich die Assoziation der Pendelbewegung, mit der die schweren Glocken ausschwingen. Und aus dem Hin-und-her-Schwenken wird im achtzehnten Jahrhundert das »Schlendern« und Nichtstun. So ließen wir uns einst beim Bummeln ziellos schlendernd nach Lust und Laune von Schaufenster zu Schaufenster treiben. Geld brauchte man dabei nicht auszugeben. Heute müssen oder wollen wir *shoppen,* also einkaufen, und das, so wünschen es sich die Werber und Marketing-Spezialisten, möglichst zielstrebig und ausgiebig.

Busenfreund

Dieses Wort erklärt sich von selbst: Menschen, die man fest an die Brust und das Herz drückt, sind Busenfreunde. Das Wort verstünde man wohl, nur die Busenfreunde sind rar geworden?

Butterbrot

Das schönste Butterbrot war in den fünfziger Jahren des letzten Jahrhunderts auf dem Werbeplakat der Margarinemarke »Rama« zu sehen. Eine Scheibe frisches, leckeres Brot, die ohne viel weitere Zugaben köstlich schmeckt. Welch einfacher, wunderbarer Genuss! Heute ist ein Butterbrot einfach zu wenig. Ein Sandwich muss es sein. Und selbst die fetten Croissants werden noch mit Käse und Schinken »aufgepeppt«, um Wohlstand und Fülle zu demonstrieren …

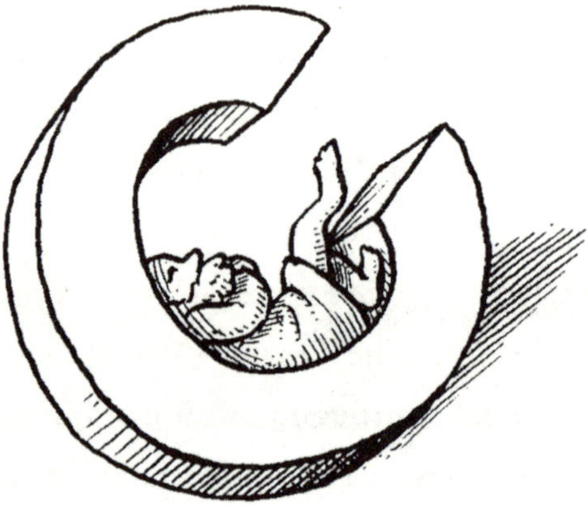

Canossa, den Gang nach Canossa antreten

Gar nicht beliebt, der Gang nach Canossa, denn wer diesen Weg antreten muss, der gibt in einem Streit nach und ist bereit, sich bedingungslos zu unterwerfen. König Heinrich IV. trat ihn, zähneknirschend vermutlich, im Jahr 1077 an und pilgerte von Speyer zu Papst Gregor VII. in Canossa, um die Lösung vom Kirchenbann zu erwirken, den der Papst über ihn verhängt hatte. Der Ausdruck kommt langsam aus der Mode. Wer lässt sich schon gern demütigen und ist bereit, *zu Kreuze zu kriechen*?

Chaiselongue

Dieses französische Wort (*chaise longue* = der lange Stuhl), das sich auch im Deutschen für die gepolsterte Liege mit Kopflehne eingebürgert hat, nehmen wir auf, weil es so schön klingt und ein so angenehmes Möbelstück bezeichnet, auf dem Damen sich malerisch drapieren können. Wie könnte man sich besser in einem Salon bei einer Gesellschaft zur Geltung bringen, als auf der Chaiselongue. Decolleté, Beine, Pumps …

Auf der *Recamière,* auch sie eine Chaiselongue, lässt sich gemütlich lesen, parlieren und gegebenenfalls auch anbändeln.

Chaussee

Mit dem Bau der ersten gepflasterten Verbindungsstraße zwischen Nördlingen und Öttingen 1753 dringt das französische Wort *chaussée* in den deutschen Sprachraum vor. Die *Chaussee* ist eine Landstraße, die »Elbchaussee« in Hamburg zum Beispiel eine weithin bekannte und besonders prächtig bebaute Landstraße.

Heute ist das Wort kaum noch im Gebrauch, wenn es nicht direkt mit dem Straßennamen verquickt ist. Es wurde aber auch (noch) nicht durch den englischen Ausdruck *highway* ersetzt.

Clique

Eine *Clique* ist ein Gruppe von Freunden oder auch ein *Klüngel* – auch dies ein nicht mehr häufig gebrauchtes Wort. Die *Clique* leitet sich ab von dem französischen Verb *cliquer* = klatschen und bezeichnet ursprünglich *eine Beifall klatschende Gesellschaft*. Heute würde man wohl eher von einer Fan-Gemeinde sprechen.

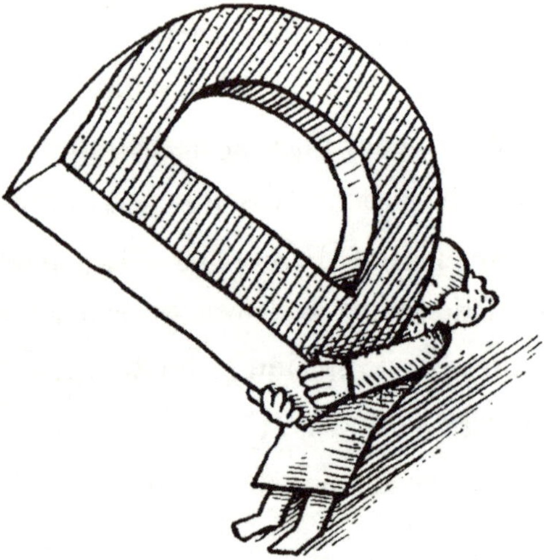

Darben

Wer darbt, leidet Not, Mangel und meist auch Hunger. Gotthold Ephraim Lessing hatte seine eigene Meinung darüber, wer auf dieser Welt darben muss: »Weil nach des Schicksals ewgem Schluß / Ein jeder Dichter darben muss«.

Wirklich darben müssen heute in den westlichen europäischen Ländern nur noch wenige Menschen, aber weltweit betrachtet ist das Wort aktuell wie eh und je, auch wenn man es kaum noch benutzt.

Dauerbrenner

Ein Produkt, das zum Klassiker wird, verkauft sich genau so gut und lange wie ein *Dauerbrenner,* aber wie viel aussagekräftiger ist doch das Bild von der unermüdlichen Flamme, der die Puste nicht ausgeht. Den *Klassiker* mag man sausen lassen, aber am *Dauerbrenner* halten wir einfach fest.

deichseln, etwas

Wer etwas gut gedeichselt hat, darf stolz auf sich sein – er hat eine schwierige Sache gut hinbekommen und in die richtigen Wege gelenkt. Das Bild beruht auf einer praktischen Erfahrung, die unsere Vorfahren machten: Es erfordert viel Fingerspitzengefühl, einen Wagen von Hand an der Deichsel über Stock und Stein zu bugsieren.

Diener machen

Kein Junge muss heute mehr artig einen *Diener machen*, wenn er Erwachsene begrüßt, eine ehrerbietige Verbeugung. Das ist gut. Aber was das Schöne am *Diener machen* war: Man machte ihn nur, man war es nicht.

Dreikäsehoch

Es gibt kleine Jungen, kaum größer als drei, vier aufeinander gestapelte Käselaiber, die schon meinen, alles zu wissen. Naseweis nennt man sie, und beide Begriffe sind liebevoll kritisch gemeint: So ganz über alles weißt du doch noch nicht Bescheid, mein Kleiner …

Drops

Drops sind runde, harte Bonbons, die in kleinen Rollen verkauft werden. Wenn man sie richtig lutscht, entsteht mit der Zeit in der Mitte ein Loch, durch das man die Zungenspitze stecken kann.

Durchbrennen

Wenn zwei bei Nacht und Nebel, auf jeden Fall aber heimlich ausreißen, dann sind sie durchgebrannt. Auf jeden Fall, so besagt das Wort, sind einige Sicherungen durchgeknallt: Gebote und gängige Regeln werden missachtet, vielleicht gar Gesetze verletzt, und das alles aus Liebe. Aber wer fragt schon nach der Vernunft, wenn die Leidenschaft erst einmal entzündet ist?

Dutt

Der *Dutt* ist altbacken, um bei einem der in diesem Buch aufgeführten Wörter zu bleiben, und macht – vor allem, wenn er als Knoten eng und einfallslos gedreht mitten auf dem Hinterkopf sitzt, einfach alt. Außer die Trägerin ist eine junge, hübsche Ballettratte oder eine temperamentvolle, Flamenco tanzende Spanierin. In früheren Jahrhunderten durften nur junge, unverheiratete Mädchen die Haare offen tragen. Wer schon *unter der Haube* war, also verheiratet, musste die Haare züchtig zum Knoten winden und jede weibliche Sinnlichkeit, die durch das Haar symbolisiert wird, unter der Haube verstecken.

echauffieren

»Nun echauffieren Sie sich doch nicht so!« sagt heute kaum noch jemand, aber wir wissen noch, was *echauffieren* meint, zumindest wenn wir mal Französisch hatten: *erhitzen*.

Also, wer sich erhitzt, dem wallt das Blut in den Adern, der regt sich mächtig auf, ist verärgert und erregt – kurz, ganz und gar nicht *cool*.

Eigenbrötler

Wer früher Junggeselle blieb, war ein bisschen sonderlich und eigen oder wurde es wohl im Lauf der Zeit. Jedenfalls, so sagt das Wort, aß er, falls er einen eigenen Haushalt führte, am liebsten sein eigenes Brot fernab der andern. *Eigenbrätler* wurde er auch hier und da genannt, denn der Mensch lebt ja nicht nur vom Brot allein.

Heute bezeichnet der Begriff einen eigensinnigen Sonderling, der sich, stur wie er ist, nichts sagen lässt und *sein eigenes Süppchen kocht.*

Eingedenk

Ein Wort, das wir öfter mal beherzigen sollten, denn es besagt, dass wir denken, bevor wir handeln. *Eingedenk der Tatsache,* welcher auch immer, kommt der Mensch zu einem hoffentlich wohlüberlegten Entschluss, der den wichtigsten Argumenten und Gegenargumenten Rechnung trägt.

Emsig

Emsig wie ein Bienchen, hieß es früher anerkennend, wenn jemand fleißig und unermüdlich arbeitete, ohne Rast und Ruh. Aber nicht nur die Bienen sind ein Urbild des Fleißes, auch die

Emsen, die Ameisen, sind ein Inbegriff dieser Tugend. Emsige Menschen gab es seit eh und je: schon im Althochdeutschen existiert der Ausdruck *emizzig,* der *beständig* und *beharrlich* bedeutet.

Erdenbürger

Die alten Zeiten waren manchmal kosmopolitischer als unsere globalisierte Welt. Wenn ein Kind auf die Welt kam, feierte man es gern euphorisch als neuen Erdenbürger. »Seid umschlungen Millionen!« Denn die Freude über ein neugeborenes Kind teilen die Menschen (allerdings mit Einschränkungen, was das Geschlecht betrifft) überall auf der Welt.

ersprießlich

Das Bild, wie eine neue Pflanze aus dem Boden hervor sprießt und wächst und gedeiht, ist als Ausdruck für etwas, was *gut in die Gänge kommt*, einfach zu schade, um unterzugehen.

empört

»Ich bin empört!« Diesen Satz hört man immer seltener, vielleicht, weil er nicht nur zum Ausdruck bringt, dass man mit etwas nicht einverstanden ist, sondern weil er auch eine moralische Verurteilung enthält. Heute sind wir *sauer*, aber was kümmert das schlussendlich die andern?

Die Empörung bezieht Stellung im öffentlichen Leben und zu dem, was in nächster Umgebung geschieht. Auch wenn man sich nicht berufen fühlt, über Sitte und Ordnung zu richten, oft wäre es angebracht, Zivilcourage zu zeigen und sich zu empören.

etepetete

Den kleinen Finger abspreizen, wenn man Tee trinkt, weil man zeigen will, wie vornehm und zierlich man sich zu benehmen weiß, ist nicht mehr üblich, Gott sei Dank. Heute gehen wir eher *underdressed* und *casual* durchs Leben. Aber das Wort war so schön!

F

fabulieren

Die *Fabel* steckt im Verb *fabulieren* (Altfranzösisch *fable* = Märchen, Erzählung), und der *Fabulierer* hat demnach immer eine Geschichte zur Hand, die er phantasievoll und nach Herzenslust ausschmückt. Manchmal erfindet er sie auch, während er sie gerade erzählt – er greift sie sozusagen aus der Luft –, und deshalb sind die Worte des Fabulierers nicht immer ganz ernst zu nehmen; beim nächsten Mal klingt vielleicht alles ganz anders.

Sehr seriöse Menschen gebrauchen den Ausdruck *fabulieren* deshalb abwertend. Damit tun sie dem Fabulierer Unrecht, denn ohne Fabulierlust gäbe es keine Poesie auf dieser Welt. Und das Wort *fabelhaft* gäbe es auch nicht.

fadenscheinig

Ein fadenscheiniges Argument ist ohne große Mühe zu widerlegen, eine fadenscheinige Ausrede leicht zu durchschauen. Etwas Fadenscheiniges ist so dünn, wie es ein Gewebe mit der Zeit wird, wenn es reichlich strapaziert wird: an den Ellbogen zum Beispiel. Auch Ausreden können so abgenutzt sein, dass man nur noch müde lächelt.

falb

Falb und *fahl* haben sich seit dem Mittelalter als Wörter gleicher Bedeutung nebeneinander gehalten. Der Begriff *blass und fahl* ist uns heute vertrauter.

Falb, das auch einfach *blond* bedeuten kann, wurde gern verwendet, um die Farbe eines Pferdes zu beschreiben, aber auch, um die Farben des Herbstes, des Mondlichts, des Grases im Winter oder der Haut sprachlich einzufangen.

faseln

Ende des siebzehnten Jahrhunderts kam der Begriff *faseln* auf: Der *Faseler* oder *Faselhans* redete wirres Zeug. Heute genügt es, dummes Zeug zu reden, gedankenlos und oberflächlich zu sein, um des Faselns bezichtigt zu werden.

Faxen

»Mach jetzt keine Faxen«, ruft manche Mutter entnervt, wenn ihr Kind nicht tut, wie es soll. Stillsitzen zum Beispiel, oder essen, ohne ständig Grimassen zu schneiden. Das alte, dazu gehörende Verb ist *fickfacken,* »sich hin und her bewegen«. Die Possenreißer trieben auf den Märkten ihr *fickesfackes,* rissen Possen und spielten anderen ihre Streiche. Aus dem *fakske*, dem Possenreißer, wird schließlich der *Fatzke*, den wir heute noch kennen – ein eitler, selbstverliebter Kerl.

Filou

Der *Filou* (ein aus dem Französischen übernommenes Wort) ist im siebzehnten Jahrhundert ein Spitzbube, listig und schlau. Und weil er dabei nicht selten auch charmant und witzig ist, schwächt sich die Negativbedeutung allmählich ab: Ende des achtzehnten Jahrhunderts ist der Filou ein *Schlaukopf*, dem man seine Übeltaten nicht gar zu übel nimmt. Unsere Großmütter erröteten nicht selten, wenn sie sagten: »Nein, so ein Filou!«

Fittich

In der Redewendung *jemanden unter die Fittiche nehmen,* jemanden beschützen und hegen, so wie eine Henne ihre Küken unter ihr Gefieder nimmt, hat sich der Begriff erhalten. Er ist gleichbedeutend mit dem Wort *Flügel,* erinnert aber lautmalerischer und poetischer an den Klang des Gefieders in Bewegung.

Flausen

Auf Menschen, die Flausen im Kopf haben, verlässt man sich besser nicht felsenfest. Sie finden leicht Ausreden und haben Launen, die anderen nicht unbedingt einleuchten. Vor allen in Gegenden, wo es Webereien gab, ist der Begriff beheimatet. Dort flogen die Wollflocken durch die Luft, und diese Flausen wurden – ganz das Gegenteil von ordentlichem Webstoff – zum Bild für unzuverlässiges, unstetes Verhalten.

Fräulein

Warum eigentlich ist uns das *Fräulein* abhanden gekommen?

Gilt denn nur die verheiratete Frau etwas in unserer angeblich emanzipierten Gesellschaft? Früher gab es Fräuleins, die stolz auf ihren Status waren: Sie brachten sich selbst durchs Leben, aus eigener Kraft, und bestanden zuweilen auf der richtigen Ansprache: »*Fräulein* Pfeiffer, bitte!« Das soll es geben: Wesen weiblichen Geschlechts, die es vorziehen, nicht zu heiraten. Die Vorstellung, dass das Wort *Fräulein* schließlich *sitzen geblieben* bedeutet, gehört deshalb schon lange auf den Schrott. Während es das *Fräulein* hoffentlich noch lange gibt. Bis ins neunzehnte Jahrhundert hinein gehörte es zum gehobenen Stand, heute adelt es die Selbständigkeit.

Fratz

In den fünfziger Jahren nannte man hier und da ein junges Mädchen so. Obwohl das Fratzenschneiden das Gesicht entstellt und hässlich macht, liegt in dem Wort *Fratz* – zum Beispiel mit dem Zusatz *süß* (Der Film *Ein süßer Fratz* wurde 1957 mit Audrey Hepburn und Fred Astaire gedreht) eine freundliche Note. Ein *süßer Fratz* ist auf charmante Weise frech, unbekümmert und eigensinnig.

Freudenmädchen, Freudenhaus

Aus dem französischen *fille de joie* wurde das *Freudenmädchen,* ein Wort, das heute aus dem Sprachgebrauch verschwunden ist. Wahrscheinlich sind die Verhältnisse, in denen die Freudenmädchen lebten, nicht viel besser gewesen als die der Prostituierten heute, aber das Wort war zärtlicher und was es – zumindest dem Freier – versprach, umfasste mehr als die bloße, nackte Befriedigung von Begierde.

Funzel

Eine *Funzel* ist eine schlecht brennende Lampe, die nur schwächliches Licht verbreitet. Im Piratensender-Jargon meint man heute damit auch einen schwachen Sender.

Gardinenpredigt

Sie ist berühmt-berüchtigt, die nächtliche Strafpredigt, welche die Ehefrau dem heimkehrenden Gatten hält. Schon in Sebastian Brants *Narrenschiff* von 1494 kommt diese Art Predigt vor, aber mit Gardinen wird sie erst später in Zusammenhang gebracht. Sie spielen an auf den Bettvorhang, hinter dem sich das Geschehen wohl abspielte, und nicht auf die Fenstervorhänge, wie man zunächst meinen könnte.

Gefilde

Wenn jemand durch die *Gefilde* streift, klingt das für uns heute ziemlich poetisch oder hochgestochen. Dabei ist das Wort ganz prosaisch gemeint – ähnlich wie in *Gebirge* bedeutet die Vorsilbe *Ge-* die Gesamtheit von etwas, in unserem Fall *die Gesamtheit von Feldern* (oder von Bergen).

Gepflogenheit

Wenn man etwas immer wieder tut, wird eine Gewohnheit daraus, das heute gebräuchliche und weniger umständliche Wort für eine Gepflogenheit. In der *Gepflogenheit* klingt noch an, dass man seine Gewohnheiten, zumindest die lieben alten, auch bewusst und gerne pflegt.

Geschmeide

Im Wort *Geschmeide,* das heute meist durch den Begriff *Schmuck* ersetzt wird, schlummert der *Schmied,* der das Metall bearbeitete. *Geschmeidig* hat die gleiche Sprachwurzel: *leicht zu bearbeiten, gestaltbar*. Ein Geschmeide war also ursprünglich ein Schmuck aus edlem, weichem Metall.

geschwind

Schnell klingt wesentlich prosaischer und platter als das zur Eile antreibende *geschwind, geschwind!*, aber es hat den Wettlauf mit dem Wort *geschwind* vermutlich gewonnen, weil es sich einfach schneller ausspricht …

»Mach fix!«, könnte man auch rufen, das geht noch schneller.

Im Mittelalter hatte das Wort *geswinde* zusätzlich die Bedeutung von *ungestüm*: schnell und mit Kraft.

Später gesellte sich die Nebenbedeutung *bald* dazu.

Gestade

Das Meeresufer wird in der Dichtung gern *Gestade* genannt, in der Umgangssprache hat sich aber schon seit Luthers Zeiten das Wort *Ufer* durchgesetzt. Im *Gestade* ist noch die indogermanische Wurzel *stha* = stehen enthalten, also das *feste Land* im Gegensatz zum Wasser.

Griesgram

Der *Griesgram,* nur in der männlichen Form bekannt, obwohl auch Frauen griesgrämig dreinblicken können, ist mürrisch und übel gelaunt. Ob er auch mit den Zähnen knirscht, wissen wir nicht, aber abgeleitet ist das Wort aus dem mittelhochdeutschen *grisgramen* = mit den Zähnen knirschen. Später bedeutete das Substantiv *gram* mürrischer Sinn, und damit sind wir schon beim Griesgram angelangt.

Grillen haben, ein Grillenfänger sein

Grille hat hier die Bedeutung *Laune. Grillenfänger* sind also Menschen, die wunderliche Launen haben und sich entsprechend benehmen. Man könnte sie auch *Kauz* nennen oder *Sonderling*. Manchmal ist der *Grillenfänger* auch noch ein *Griesgram*.

Habseligkeiten

Wer seine *Habseligkeiten* zusammensucht, ist meist weder reich noch glücklich, geschweige denn selig – im Gegenteil: viel Besitz und Glück hat dieser Mensch nicht im Leben. Die Endung *selig* hat nichts mit dem Gefühl der Seligkeit zu tun; wie in den Begriffen *armselig, saumselig, trübselig* geht sie vielmehr auf Wortbildungen wie in *Drangsal* oder *Labsal* zurück.

Immerhin wurden die *Habseligkeiten* im Jahr 2004 zum schönsten deutschen Wort gekürt.

Hackepeter

Die Rede ist von gehacktem Schweinefleisch, das mit Salz und Pfeffer, oft auch mit Zwiebeln gewürzt, roh verzehrt wird.

Ob böse Ehefrauen-Phantasien hinter dem Wort stecken?

hadern

Es gibt viele Gründe, *mit dem Schicksal zu hadern*. Aber gesund ist das *Hadern* – das mit *Groll, Streit, Kampf* zu tun hat – sicher nicht.

Besser man ergeht sich mit angenehmen Gedanken in einem lauschigen …

Hain

Das lichte, schöne Wäldchen, in dem die Dichter sich gerne ergingen, hat eine wechselnde Bedeutungsgeschichte. Heute mit lieblichen Assoziationen verknüpft, war der *Hain* in früheren Jahrhunderten nicht nur ein Lustwäldchen, sondern auch ein geweihter Wald, im Mittelalter ein gehegter Wald und in den Anfängen der deutschen Sprache, im Althochdeutschen, nicht mehr als ein Dornenstrauch (*hagan*).

Hanebüchen

ist der Umgang mancher Menschen miteinander, nämlich rücksichtslos und grob. Das Wort bedeutete im Mittelalter *Vom Holz der Hagebuche,* das knorrig und schwer zu bearbeiten war. Im übertragenen Sinn meinte man damit *derb, klotzig.*

Heute redet man auch von *hanebüchenem Unsinn,* doch verschwindet das Wort allmählich aus dem allgemeinen Sprachgebrauch.

Hase im Pfeffer

»Da also liegt der Hase im Pfeffer!« Wenn wir das ausrufen, haben wir die Quelle des Übels, den verborgenen Knackpunkt einer Sache erkannt. Im Mittelalter war Pfeffer ein begehrtes, teueres Gewürz, und man verwendete es zur Verfeinerung von Fleischspeisen. Wildfleisch legte man in eine Pfefferbrühe ein, so entstand der *Hirschpfeffer* und eben auch der *Hasenpfeffer*, Gerichte, die auch heute noch zur Jagd- und Herbstsaison gehören. Die starken Gewürze übertönen den Wildgeschmack, verbergen also sozusagen den »wahren Charakter« dieses Fleisches. Wenn wir den wahren Hintergrund eines Geschehens begreifen, haben wir den *Hasen im Pfeffer* gefunden.

Hasenbrot

Der Hase muss zu vielem herhalten. Wir finden ihn nicht nur im Pfeffer, sondern auch im *Hasenbrot* wieder, das wir früher mümmelten, wenn die unverzehrten Pausen- oder Picknickbrote schon etwas zerknautscht wieder aus der Mappe des Vaters oder dem Schulranzen zum Vorschein kamen. Diese Klappstullen waren öde, wenn es die eigenen waren; brachte jemand anderer sie heim, waren sie durchaus beliebt.

Hecht im Karpfenteich

Schade, schade, dass dieser bildhafte Ausdruck im Verschwinden begriffen ist. Dabei gibt es doch in jedem Büro einen! Der Hecht als Raubfisch mischt die Gemeinschaft der trägeren Karpfen auf. Im übertragenen Sinn hat er eine belebende, aber auch störende Rolle in der Gruppe – auf jeden Fall aber eine aktivierende!

Heidenangst

Haben die Heiden, die *Ungläubigen,* mehr Angst als die Christenmenschen? Wer eine *Heidenangst* hat, hat jedenfalls sehr, sehr viel Angst. Während die ersten Christen – so wollen es die Märtyrerlegenden – dem Tod unverrückbaren Sinnes mutig und gelassen ins Auge sahen. Vor dieser durch den Glauben begründeten Kraft (und Gewalt) liefen die Heiden, so legt der Ausdruck nahe, voller Angst und Schrecken davon.

Es soll die Christianisierungskampagne Karls des Großen gewesen sein, welche die Heiden in eine Heidenangst versetzte.

heimleuchten

In den Zeiten, als es noch keine Straßenbeleuchtung gab, leuchtete ein Fackelträger oder später ein Diener mit Laterne ganz buchstäblich den Gästen heim, indem er den Weg erleuchtete. »Dem leuchte ich es heim« hat im übertragenen Sinn eine weit weniger freundliche Bedeutung. Der Ausdruck besagt so viel wie *jemanden eindeutig zurecht- oder zurückweisen und tadeln* (Licht auf sein negatives Verhalten werfen).

Huld

Huldvolle Gesten wirken heute eher lächerlich. Allerhöchstens Königin Elizabeth II. von England darf ihrem Volk noch derart gnädig, nämlich *huldvoll* zuwinken. Es ist kein Wunder, dass der Begriff *Huld* in unserem demokratischen Land aus dem Sprachgebrauch schon fast verschwunden ist, denn er bezeichnet das freundliche Wohlwollen des Herrn gegen seinen Untergebenen. Im frühen Mittelalter beschrieb dieses Wort umgekehrt auch die Ergebenheit und Treue eines Lehnsmannes seinem Herrn gegenüber.

hurtig

Flink, geschwind, schnell sind Synonyme für das Wort *hurtig*, das im Mittelalter im Zusammenhang mit dem Turnierkampf verwendet wurde und *vorprellen* oder *stoßend losrennen* bedeutete.

Idyll

Das friedliche, einfache Landleben wird gern mit dem aus dem Griechischen stammenden Wort *Idyll* beschrieben. *Idyllisch* sind alle Winkel, die als lieblich, harmonisch, beschaulich, romantisch oder verträumt empfunden werden, und im *Hirtengedicht* und der *Hirtendichtung* hat die Idylle in früheren Jahrhunderten ihren literarischen Niederschlag gefunden.

indigniert

Entrüstung kann man auch leise und vornehm ausdrücken. Zum Beispiel, indem man *indigniert* ist. Indignierte Menschen sind peinlich berührt von ungehobeltem Verhalten, ja sie fühlen sich geradezu beleidigt und persönlich gekränkt durch die schlechten Manieren anderer …

Influenza

Veraltetes, aus dem Italienischen übernommenes Wort für *Grippe*. *Influenza* klingt dramatisch, *Grippe* einfach elend.

Intrige

Intrigen gibt es überall, wo jemand *böse Ränke* schmiedet, um einem anderen Menschen, den man als Rivalen oder Rivalin empfindet, zu schaden und sich selbst in eine bessere Position zu bringen: in der Politik, in der Liebe, am Arbeitsplatz (lateinisch *intricare* = verwickeln, verwirren). Während sich das Wort im politischen Zusammenhang gehalten hat, spricht man am Arbeitsplatz heute eher von *Mobbing*.

irden

Ein *irdenes* Gefäß ist aus Erde, aus Ton gefertigt. Schon im Mittelhochdeutschen entwickeln sich aus dem Wort *erda* = Erde gleichzeitig die beiden Begriffe *irdin* (irden) und *irdesch* (irdisch; im Gegensatz zu *himmlisch*). Beide Wörter und Bedeutungen haben sich bis heute erhalten, wobei der Ausdruck *irdenes Gefäß* praktisch nicht mehr verwendet wird.

Irrlicht, irrlichtern

Um die Irrlichter ranken sich Sagen und Legenden. Vor allem in Sümpfen und Mooren sollen die schwankenden kleinen bläulichen Lichter des Nachts zu sehen sein und den Wanderer verwirren.

Der Aberglauben rankt seine Geschichten um die flackernden, geheimnisvollen Flämmchen, und das Verb *irrlichtern* beschreibt eine ziellose, schwankende Bewegung ohne klare Richtung.

Ein bisschen Spuk muss sein, deshalb rücken wir den Irrlichtern hier nicht naturwissenschaftlich zu Leibe …

Jalousie

Vorbild für die *Jalousie* sind die Gitterfenster, die man im Vorderen und Mittleren Orient findet: Sie erlauben den Blick nach draußen, verwehren aber den Blick von außen nach innen. So wurde die Intimsphäre der Räume optimal geschützt – vor allem in den von Frauen bewohnten Räumlichkeiten, dem Harem. Deshalb wohl benannte man im Italienischen und Französischen diese Art des Fensterschutzes mit dem gleichen Wort wie *Eifersucht* (französisch *jalousie* = Eifersucht).

Erst mit der Zeit entwickelte man bewegliche Lamellen, so dass die Jalousie geöffnet und geschlossen werden konnte.

Jammertal

Als *Jammertal* bezeichnet die Bibel das von Not und »Jammer« geprägte Leben der Menschen auf Erden.

juchzen

Wie oft im Leben ist man schon zum Jauchzen und Jubeln aufgelegt? Eben. Nicht allzu oft. Darum sollte man alle Wörter retten und bewahren, die der überwältigenden Freude Ausdruck verleihen können, und damit auch das übermütige, laute, kindlich unbeherrschte *Juchzen,* das einem Aufschrei gleichkommt und in alten Enzyklopädien fast als ein bisschen ordinär abgestempelt wird.

Junggeselle

George Clooney als *Junggesellen* zu bezeichnen, wäre schon fast wertmindernd – er ist der begehrteste Single der Welt, wenn man den Hochglanzmagazinen glauben darf.

Das Wort *Junggeselle* ist zusammengezogen aus *der junge Gesell,* stammt also aus der Handwerkersprache. Schon im sechzehnten Jahrhundert allerdings nahm der Begriff die Bedeutung *unverheirateter Mann* an. Und wenn der Junggeselle lange genug unverheiratet blieb, mutierte er schließlich zum alten *Hagestolz*

Kabbelei

Wenn es um nichts Ärgeres geht als eine *Kabbelei,* ist die Welt in Ordnung – denn was sich liebt, das neckt sich, und kleine Kabbeleien sind nur belanglose Streitereien, die keine bösen Konsequenzen haben. Liebende kabbeln sich, und jüngere Geschwister kabbeln sich ununterbrochen.

Kaltmamsell

Die *Mamsell* ist ein *Fräulein,* und die *Kaltmamsell* war zuständig für das kalte Büffet und die kalten Platten in einer Restaurantküche. Nicht nur das *Fräulein,* sondern auch die *Kaltmamsell* ist ziemlich veraltet, aber ist das Wort nicht schön? Und das kalte Büffet gibt es schließlich immer noch.

Kanaille

»Du Hund!« könnte man auch schreien, wenn man jemanden als *Kanaille* beschimpft. Am besten lässt man beides.

Das Wort leitet sich aus dem Lateinischen *canis* = Hund ab, im Italienischen *cane* und *canaglia* = *Hundepack*. Damit entspricht das Fremdwort unserem *Gesindel*. Mit der Zeit bezeichnete man auch einzelne Menschen und nicht mehr nur ein *ganzes Pack* als *Kanaille*.

Kaschemme

In unserer gestylten Gesellschaft gibt es nur noch Bistros, Bars und Nachtclubs. Ja, Georges Bizets Opernheldin »Carmen« trifft sich noch mit den Schmugglern in einer *Kaschemme*, singt dort die *Habanera* und stürzt Don José, wie sich an diesem Ort schon absehen lässt, ins Unglück. Aber ansonsten haben die düsteren, schmuddeligen Kneipen, in denen sich undurchsichtiges Gelichter trifft, ausgedient. Kleine und große Verbrechen werden heute in gepflegter Atmosphäre geplant.

Kauderwelsch

1247 gibt es in Köln einen Bürger mit Namen Hermannus Kurdiwale und 1379 einen namens Berchtold Khawderwalch in Rain am Lech. Die beiden waren Rätoromanen aus dem Rheintal in der Nähe von Chur. Die schwer verständliche Sprache der Menschen aus dieser Region wurde anderswo erbittert und völlig ungerecht getadelt: »Churwalchen ist eine pöse Sprach, bsunder in dem Engendin«, heißt es etwa um 1450. Und Martin Luther erzürnte sich über einen Studenten aus dem Münstertal in Graubünden: »Behüt unsere Nachkommen vor der Chauderwelschen oder Churwallen kahlen Glossen«.

So ist die schöne rätoromanische Sprache der Bündner zum Begriff für ein unverständliches Gemisch aus mehreren Sprachen oder eine vermeintlich verworrene, fremde Sprache geworden.

Kavalier

Der *cavaliere* ist im Italienischen der *Reiter* oder *Ritter,* das gleichbedeutende französische Wort *cavalier* gelangte um 1600 in den deutschen Sprachraum. Zunächst Titel für die Angehörigen eines ritterlichen Ordens, nahm es bald die Bedeutung des *adligen Herrn* an. Und weil man bei Hof gute Manieren pflegte, ist heute ein Kavalier ein Mann mit guten, höflichen Umgangsformen. Die Dame freut's, auch wenn sie inzwischen selber ihren Mann steht.

keck

Dieses lautmalerische Wort für einen lebendigen, vorwitzigen, unerschrockenen Menschen, der sich nicht so leicht einschüchtern lässt, hat es schon deshalb verdient, gerettet zu werden, weil es ein »Urwort« der deutschen Sprache ist.

Es nahm in verschiedenen Zeiten und Regionen unterschiedliche Bedeutungen an, vor allem aber meinte es *lebendig*, und der Wortstamm lebt zum Beispiel in *Quecksilber* und *quicklebendig* weiter. Es konnte auch *drall*, *fest*, nämlich *vor Leben strotzend* im körperlichen Sinn bedeuten (schweizerisch *keche Waden*) oder – unter seelischem Aspekt – *wohlgemut*, *getrost*, *entschieden*, *mutig* und *kühn*. Ein Wort, das so viel Lebensfrische und -fülle enthält, darf doch nicht untergehen!

Kind und Kegel

Mit Kind und Kegel: Da wird niemand ausgeschlossen, alle Familienmitglieder dürfen mit, sogar der Hund und – denn das bedeutet ursprünglich das Wort *Kegel* in diesem Zusammenhang – die unehelichen Kinder. Aber das weiß heute niemand mehr, der andere *mit Kind und Kegel* einlädt.

Kleinod

Unter einem *Kleinod* verstand man im Mittelalter eine kleine, feine, zierliche Sache, ein wertvolles Gastgeschenk.

Das *Kleinod* wurde im Jahr 2007 zum schönsten bedrohten Wort gewählt. Das Wort, so heißt es, steht für etwas, was erst auf den zweiten Blick als etwas Kostbares von hohem persönlichen Wert zu erkennen sei.

Knüller

»Das ist der Hammer!«, ein Hit, *die* Sensation, *das* Ereignis, ein Schlager, eben ein *Knüller*. Der *Knüller* kommt aus dem jiddischen Wort *knellen* = schlagen, knallen. Angeblich soll ein Journalist den *Knüller* kreiert haben, aber ganz Genaues weiß man nicht.

Labsal, sich laben

Labsal bezeichnet alles, was zur Erfrischung und Erquickung dient: *Speis und Trank, Arznei, Trost* und *Mitgefühl*.

Das Verb *laben* hatte bei den Germanen die Bedeutung von *waschen*. Der römische Geschichtsschreiber Tacitus berichtet, dass die Germanen leidenschaftlich gern bei jeder Gelegenheit badeten. So muss sich allmählich der Bedeutungswandel zu *erfrischen* ergeben haben.

Ladenhüter

Sehr viel jünger ist das Wort *Ladenhüter* – ein schönes Wort für Dinge, die sich nicht verkaufen. Hüten sie doch zumindest den Laden, wenn sie sonst schon kein Geld einbringen!

Leibspeise

Die *Leibspeise* ist nichts anderes als das *Lieblingsessen*. Aber das ältere, im Verschwinden begriffene Wort hat etwas so hoch achtend Wertschätzendes, dass man sofort begreift, wie wohl ein solches Mahl Leib, Geist und Seele tut. Daran sollten wir uns hier und da erinnern und glücklich unser Lieblingsgericht verspeisen – es tröstet in jeder Lebenslage.

Leichtfuß

Der *Leichtfuß* ist ein *Luftibus* oder *Luftikus*, der unbeschwert, also leichtfüßig durchs Leben schreitet. Er sorgt schon dafür, dass nichts ihn belastet, schon gar nicht zu viel Verantwortung. Was ihn – zumal in Herzensangelegenheiten – nicht eben zuverlässig und solide macht. Dieser Hallodri, Windbeutel, Tunichtgut!

liebäugeln

Wenn Verliebte sich mit den Augen Zeichen geben, ja ganze Unterhaltungen führen, dann *liebäugeln* sie. Zumindest seit dem sechzehnten Jahrhundert. Davor gab es das Wort *äugeln,* aber noch viel älter ist das Wort *liebkosen*. Auch das kann man mit den Augen, obwohl auch Hände dabei willkommen sind.

Das *Liebäugeln* scheint beliebt und weit verbreitet, denn es gibt eine reiche Auswahl von sinnverwandten Ausdrücken: *girren, hofieren, kokettieren, flirten, umschmeicheln, schöntun, scharwenzeln, hätscheln, anlächeln, anschwärmen, herumschleichen, anhimmeln, liebeln, nachsteigen, werben, verfolgen, betören, verführen, mit den Augen verfolgen, Augen machen, die Augen verdrehen*. Da ist dann Schluss.

Liebestöter

So bezeichnete der Volksmund die lange, warme Männer-Unterhose, die um 1870 eingeführt wurde, und bald auch die nicht eben erotischen Unterhosen mit längerem Bein für Frauen. Der *Liebestöter* mag die Leidenschaft nicht gerade befeuern, jedoch hat er unverkennbar auch seine guten Seiten.

Heute wird das Wort auch für Verhaltensweisen benutzt, die der Beziehung abträglich sind, also zum Beispiel für extreme Eifersucht, Schlampigkeit oder andere störende Eigenschaften.

Schade eigentlich, dass der wärmende Unterton diesem Begriff abhanden gekommen ist. Denn gesundheitsfördernd ist das berüchtigte Teil noch immer.

liebreizend

Man möchte schon gereizt werden, aber lieb bitte und so, dass es zwar ein bisschen erregt, aber nicht zu unüberlegtem Tun verführt – dieses Ideal von lusterregend und sittlich rein zugleich war offensichtlich erfüllt, wenn man früher ein junges Mädchen *liebreizend* nannte. »Dieses Auge, voll Liebreiz und Bescheidenheit!« schwärmt bei Gotthold Ephraim Lessing der Prinz, als er das Bild von Emilia Galotti betrachtet. Aber auch Männer konnten durchaus Liebreiz erzeugen. So heißt es in einem Text von 1740:

»Die preußischen Soldaten waren lauter schöne, wohl qualificirte, galant mundirte Leute, die aller Augen mit Verwunderung an sich zogen und bei unseren schlesischen Frauenzimmern starken Liebreiz erweckten.«

Lotterbett

Im *Lotterbett* treiben sich vor allem Liebende herum. Weich soll es sein, einladend und so beglückend, dass man gar keine Lust mehr zum Arbeiten, noch zu anderen Tugenden hat. Bleibt es ständig »ungemacht«, dann führt man ein Lotterleben, das der Gesellschaft selbstverständlich missfällt.

Manschetten haben

Ziemlich schwer zu verstehen, warum diese Redewendung meint: *Angst, Respekt, Furcht haben.* Zu der Bedeutung kam es so: Im achtzehnten Jahrhundert war es Mode, dass die Männer Manschetten bis übers Handgelenk trugen. Das sah dann zwar *comme il faut* aus, war aber unpraktisch, wenn ein Mann den Degen ziehen wollte. Er war so nicht kampfbereit. Und damit ein Feigling und Weichei.

Marotte

Heute sagt man eher, jemand hat einen *Spleen* oder eine *Macke* als dass man ihm *Marotten* nachsagt. Jedenfalls, wer *Marotten* hat, hat Angewohnheiten, die schon zum Tick geworden sind.

mausern, sich

Vögel erneuern ab und zu ihr Federkleid, indem sie die alten Federn verlieren. Sie *mausern* sich. In der Phase, in denen sie die alten Federn verlieren, sehen sie nicht besonders attraktiv aus. Umso schöner sind sie dann in ihrem neuen »Kleid«.

Wenn ein Mädchen, das in der Pubertät weniger attraktiv ist, später zu einer hübschen jungen Frau herangereift ist, sagt man anerkennend: »Die hat sich aber gemausert!«

Milchmädchenrechnung

Konnten Milchmädchen so schlecht rechnen? Eine Milchmädchenrechnung ist nämlich falsch, sie geht nicht auf. Der *Duden* sagt, sie beruht auf einem Trugschluss. Und was ist eigentlich ein Milchmädchen? Fragen über Fragen, die nicht ganz erschöpfend beantwortet werden können.

Am wahrscheinlichsten ist es, dass der Begriff auf eine Fabel von Jean de La Fontaine zurückgeht. In der Geschichte *Das Mädchen und der Milchtopf* bringt eine Bauernmagd einen Topf Milch zum Markt, um ihn dort zu verkaufen. Sie malt sich aus, was alles sie mit dem verdienten Geld anfangen und wie sie es vermehren könnte. Für die Milch könnte sie ein Huhn bekommen. Die Eier, die das Huhn legt, könnte sie wiederum verkaufen, davon ein Schwein anschaffen und so weiter und so fort. Mitten in ihrem fantasierten Glück stolpert sie, die Milch ist verschüttet, der Traum ausgeträumt.

»Der Mensch denkt, Gott lenkt«, könnte man da sagen oder: Man soll nicht allzu weit in eine Zukunft schauen, die man nicht voraussehen kann. Aber schlecht gerechnet hat das Milchmädchen doch eigentlich nicht, oder sehen wir das falsch?

Muckefuck

Der *Muckefuck* enthält keine einzige Kaffeebohne und damit auch kein Koffein. *Muckefuck* nennt man im Volksmund *Ersatzkaffee* wie Gerstenkaffee, Malzkaffee o.ä. Meist enthält er Zichorie, weil dadurch ein Kaffeegeschmack vorgetäuscht wird.

muksch

Das Wort sagt alles. *Muksch* sind mit Vorliebe Pubertierende, die mit sich und der Welt nicht zufrieden sind: mürrisch, beleidigt und bei jeder Gelegenheit eingeschnappt.

naseweis

Vorlaute Kinder sind *naseweis*. Auch ein Erwachsener könnte ein *Naseweis* sein, einer, der immer dazwischen redet und die Antwort schon zu kennen glaubt, wenn alle anderen noch nachdenken. Trotzdem wendet man das Wort fast nur auf Kinder an.

Es geht auf das mittelhochdeutsche *nasewise* zurück (*wise* = weise, wissend), hat also nichts mit der Farbe Weiß zu tun. Man gebrauchte den Ausdruck im Mittelalter im Sinne von *scharf witternd* für Jagdhunde, die eine gute Spürnase und deshalb die *Nase vorn* hatten.

Nesthäkchen

Heute, wo es immer mehr Einzelkind-Familien gibt, stirbt das *Nesthäkchen* natürlich aus, denn es ist das jüngste Kind in einer Familie, wenn es weiblich ist. Ist das jüngste ein Junge, so ist es der *Benjamin*. Das *Nesthäkchen* fliegt als letztes aus dem Nest.

Ganze Generationen haben Else Urys Kinderbuch-Reihe *Nesthäkchen* gelesen, deren erster Band 1913 erschien.

nostalgisch

Retro, rückwärts gewandt, ist das Wort, welches das alte Wort *nostalgisch* inzwischen verdrängt hat. Aber während der *Retro-Look* bewusst und frech mit alten Moden spielt, haftet dem *Nostalgiker* eine gewisse Melancholie an. Sein Blick zurück ist von einer Sehnsucht nach den »alten Zeiten« erfüllt, deren Qualitäten er verloren glaubt.

Notizbuch

Das gute alte *Notizbuch* hat einen schweren Stand: Heute lässt sich alles viel schneller als man es von Hand kritzeln könnte mit dem *Notebook,* dem Computer, festhalten. Vor allem, seit es den *Laptop* gibt.

Trotzdem: Wer gerne beim Spazierengehen oder Wandern nachdenkt, dem eistet das Notizbuch in der Jackenasche immer noc gute Dinst.

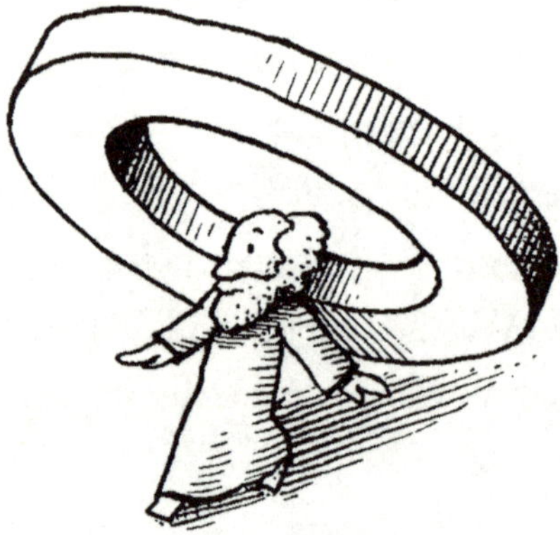

Oberwasser haben

Wer *Oberwasser hat,* spürt, dass er in einer Auseinandersetzung gute Chancen hat, sich durchzusetzen; der Vorteil ist auf seiner Seite, es könnte sein, dass er bald triumphiert.

Oberwasser ist das Wasser, das oberhalb einer Mühle gestaut wird; es wird auf das Mühlrad gelenkt und treibt es schneller an als das untere, abfließende Wasser.

Ohrwurm

Der *Ohrwurm* ist heute zum *Evergreen* geworden – ein Schlager, eine eingängige Melodie, die sich ins Ohr schleicht und nicht mehr zu vertreiben ist. Ein bisschen gruselig ist die Vorstellung vom Ohrwurm ja schon, aber treffend auch.

Ölgötze, stehen wie ein

Wer dumm und stumm und steif und untätig dasteht, könnte sich den wenig schmeichelhaften Verweis einfangen: »Nun steh doch nicht da wie ein Ölgötze! Mach was!«

Der Ausdruck findet sich zuerst bei Martin Luther und bezieht sich zumindest zu Beginn auf die hölzernen Heiligenstatuen, die bei Prozessionen herum getragen und zum Schutz gegen Witterungseinflüsse mit Öl eingerieben wurden. Die Protestanten wandten sich gegen alle bildlichen Darstellungen in der Kirche, in der nur Gottes Wort walten sollte. Später wurden auch die mit heiligem Öl gesalbten Priester der katholischen Kirche abwertend als *Ölgötzen* bezeichnet. Eine andere Herleitung bezieht sich auf die Ölberg-Szene in der Bibel, wo keiner der anwesenden Jünger der Gefangennahme Jesu durch die römischen Soldaten entgegentrat.

Omnibus

Das *Fahrzeug für alle* (lateinisch *omnes* = alle) wird heute kurz *Bus* genannt. Dabei schwang in dem alten Wortso eine gewisse schöe Geräumigeit it

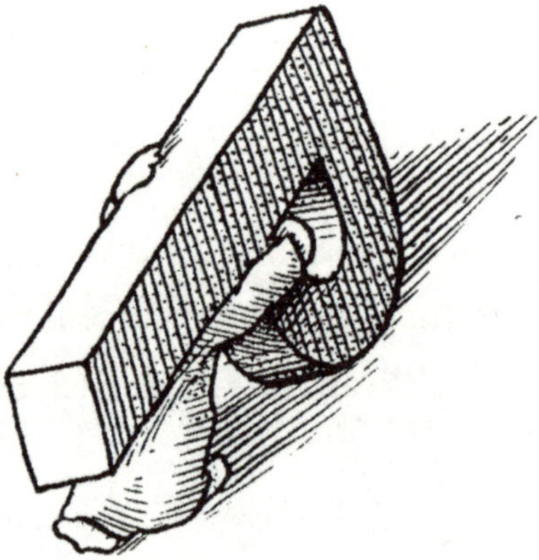

palavern

Wenn die Leute endlos reden und das Geschwätz kein Ende nimmt, bezeichnet man das oft abschätzig als *Palaver*.

In Afrika hingegen hatte das *Palaver* eine wichtige Funktion: Es war eine Stammesversammlung, wo alle Meinungen vorgebracht und (endlos) ausdiskutiert wurden, bis eine Übereinkunft erzielt war, mit der alle leben konnten.

Pappenstiel

Ein Pappenstiel ist eine Kleinigkeit. Oft gebraucht man das Wort aber in der Negation: »Das ist kein Pappenstiel!« – und dann meint man, etwas sei durchaus teuer oder anstrengend. Vermutlich ist das Wort eine Verkürzung von *Pappenblumenstiel*. Der Löwenzahn, wie die Pflanze auch genannt wird, bildet in seinem Samenstand die bekannte *Pusteblume*, die leicht im Wind verweht.

partout

»Wenn es denn partout sein muss!« Wer das sagt, gibt zwar nach, aber einverstanden ist er nicht. Dieses Wort umschreibt recht vornehm auf Französisch, dass etwas *um jeden Preis,* also *ums Verrecken,* wie die Schweizer sagen, in die Tat umgesetzt werden soll.

Pfennigfuchser

Der *Pfennigfuchser* ist ein *Geizhals* und *Knauser.* Grimms *Deutsches Wörterbuch* nennt auch die Ausdrücke *Pfennigschaber* und *Pfennigspitzer.*

piesacken

Die Mücken können einen ganz schön *piesacken,* das heißt stören und plagen, und auch Menschen können das, besonders, wenn sie gut im Sticheln sind oder einem sonst durch kleine Bösartigkeiten zusetzen. Früher hatte das Wort eine schlimmere Bedeutung. Die Grundbedeutung war *mit dem Ochsenziemer bearbeiten, abdreschen*. Mit der Zeit schwächte sich die Bedeutung dann zu *plagen* ab.

poussieren

Die *poussage* ist ein veraltetes französisches Wort für eine *Liebelei*. Die deutsche Sprache hat zwar nicht das Substantiv, aber das Verb *poussieren* übernommen. Heute hat das aus dem Englischen stammende Wort *flirten* seinen französischen Vorläufer verdrängt und ausgestochen. Darum gibt es auch keine *Poussierstängel* mehr (jemand, der *poussiert* wie ein Weltmeister).

putzig

Ein Welpe, ein junger Hund oder kleine Kätzchen sind zum Beispiel *putzig – drollig, niedlich, possierlich*. Das Wort ist verwandt auch mit *butzig* = klein.

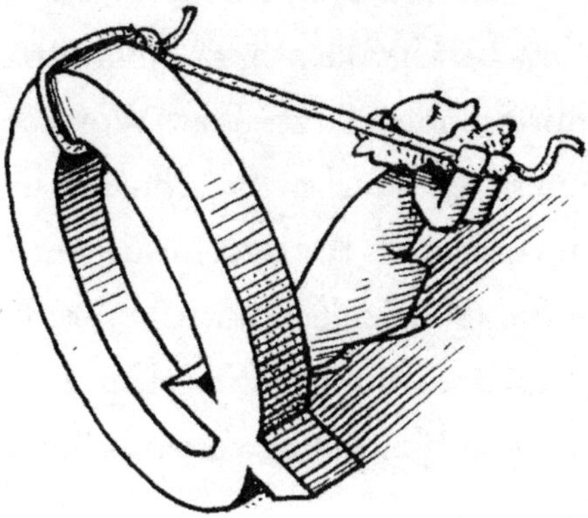

Quacksalber

Einer, der unbefugt die Heilkunde ausübt, ein Kurpfuscher, eigentlich ein marktschreierischer, seine Geschicklichkeit und Heilmittel öffentlich anpreisender Arzt. Das Wort setzt sich zusammen aus *quacken* (= *schreien*) und *salver* (= althochdeutsch für *Arzt*). Auf den Märkten priesen die *Quacksalber* lauthals ihre heilenden Salben an und hängten Siegel und Briefe auf, die ihre Qualifikation beweisen sollten.

Quentchen

Wenn man Daumen und Zeigefinger ganz nah zueinander führt und mit dieser Geste zum Beispiel um ein ganz, ganz klein bisschen Geduld bittet, dann meint man ein *Quentchen*. Ursprünglich bezeichnet das *Quentchen* eine Maßeinheit: den vierten Teil eines Lotes.

Rabatz

Diese Rabauken: nichts als *Rabatz* im Sinn! Will sagen: laut sind sie, die Kerle, und wollen nichts anderes als *grölen, krakeelen* und *johlen.*

Randalierer

Wer *randaliert,* wird leicht gewalttätig. Dabei kann sich die Aggression gegen Dinge, aber auch gegen Menschen richten. Heute ersetzt durch: *Hooligan.*

Rasierwasser

Das *Aftershave* steht heute da, wo früher Papas *Rasierwasser* stand.

Rauchwaren

Wer mit *Rauchwaren* handelt, verkauft Pelze, nicht Tabakwaren. Rohe, noch unverarbeitete (*rauch* = alte Schreibweise für *rau*) Felle werden als *Rauchwaren* bezeichnet.

Seit man weniger Pelze trägt, gerät langsam auch das Wort *Rauchwaren* bei der breiten Bevölkerung in Vergessenheit.

Reißwolf

Heute steht in den Büros nicht mehr der *Häcksler* oder *Reißwolf,* sondern der *Shredder,* um alte oder unliebsame Papiere zu vernichten.

Retourkutsche

Wer anderen eine Retourkutsche verpasst, also einen Vorwurf oder einen Angriff mit gleichen (oder schlimmeren) Mitteln erwidert, ist nicht gerade nobel – eher ein bisschen billig. So wie es billiger war, eine Kutsche gerade für die Hin- und Rückfahrt zu bestellen …

Rollschuh laufen

Nein, die guten alten Rollschuhe, die unter die Schuhe geschnallt wurden und wie Zentnergewichte an den staksigen Jungmädchenbeinen hingen, gibt es nicht mehr. *Inlineskaten* heißt das heute, und die Rollen stehen schnittig *in line*, in einer Reihe, als wollten sie den Schlittschuhen nacheifern.

salbadern

»Wie der wieder salbadert!« – das ist eindeutig kein Kompliment, denn *salbadern* bedeutet *langweiliges, schwülstiges, ausuferndes Geschwätz.* Früher hatte das Wort oft auch einen frömmelnden Unterton, und so manche salbadernde Predigt von der Kanzel schläferte die Zuhörer ein.

Johann Wolfgang von Goethe bemerkt missmutig über seine Landsleute: »Ja dass sogar die Deutschen in ihrem Unglück mir lächerlich vorkommen, weil sie eigentlich nur darüber verzweifeln, dass sie nicht mehr salbadern sollen.«

Salonlöwe

Er dominierte jeden Salon und jede Gesellschaft, der elegante Frauenheld, von den einen geliebt, von den anderen gehasst. Dann hat er sich gewandelt zum *Partyhengst.*

sauertöpfisch

Da verzieht es einem grad den Mund: der sauertöpfische Mensch schaut so verdrießlich drein, Mundwinkel nach unten, dass man einfach an Essiggurken im *Sauertopf* denken muss!

saumselig

Saumselige Menschen gab es schon immer; seit vielen Jahrhunderten kennt man den Begriff *Saumsal* und *Saumseligkeit*. Wer immer hinten drein hinkt, seine Aufgaben nicht zur Zeit erledigt, weil er dazwischen ins Träumen verfällt oder einfach unachtsam ist, der ist *saumselig*.

Das Wort bezeichnet oft eine Charaktereigenschaft und nicht nur eine einmalige Handlung, die verzögert zustande kommt.

Aber: auch trödeln sollte man manchmal können.

Stress ist für die *Saumseligen* ein Fremdwort …

Schäferstündchen

»Manche rasche Schäferstunde,
flücht'gen Kuss vom lieben Munde,
haben wir versäumet«, bedauert nicht nur Goethe.

Wann haben wir schon Zeit für eine Stunde zärtlichen Beisammenseins, die wir dem Alltag stehlen, um uns mit dem Geliebten, der Geliebten der Liebe und dem Vergnügen hinzugeben? Heute haben ja nicht einmal die Schäfer mehr Zeit dafür! Oder vielleicht doch? Dann sollten sie auf der Rangliste begehrter Männer ganz oben stehen.

Scharte auswetzen

Einen Fehler macht jeder mal, aber meistens lässt sich die Scharte ja auswetzen. Die Sensen und Sicheln des Bauern bekamen bei der Feldarbeit ja auch hier und da Macken oder Scharten und mussten wieder glatt gewetzt werden. Und mit ein bisschen Anstrengung gelang das auch.

Schlamassel

Das hebräische Wort *masol* (Stern, Schicksal) verbindet sich hier mit dem deutschen Wort *schlimm* zu *schlimm mazol,* Missgeschick. Und in einem echten Schlamassel stecken wir alle hier und da.

Schlitzohr

»Den Schlingel nehme ich bei den Ohren«, hieß es früher. Achtung, nicht so fest, dass das Ohr einreißt!

Schlitzohren sind gerissene Burschen, rechte Gauner und manchmal auch Betrüger. Aber gemessen am organisierten Verbrechen sind sie geradezu liebenswert harmlos.

Schlüpfer

Heute tragen wir Slips. Das ist zwar dasselbe, aber das Wort *Schlüpfer* zaubert doch geradezu ein Bild vor die Augen. Kalt ist das am Morgen, wenigstens früher war das so, als noch nicht rund um die Uhr geheizt wurde. Da waren die Menschen sicher froh, rasch in die Unterhose zu kommen und in die Kleider zu schlüpfen. Vor allem, wenn das Waschwasser im Waschkrug über Nacht gefroren war.

Schneekönig, sich freuen wie ein

Die Menschen sind undankbar, nur noch selten freuen sie sich so überschwänglich und von ganzem Herzen *wie ein Schneekönig*. Der Zaun- oder Schneekönig hingegen, dieser kleine Vogel, soll selbst bei Kälte pfeifen.

Schneid

Dieses Wort für *Mut* ist typisch männlich, möchte man sagen, denn der *Schneid* leitet sich ab von der gut geschliffenen Schneide des Schwertes. Wer *Schneid* hat, hat Kraft, und wer keinen *Schneid* hat, der hat keinen Mut. Aber auch ohne *Schneid* lässt es sich ganz gut leben. Denn *schneidig* ist manchmal doch gar zu zackig.

schnöde

Ärmlich und erbärmlich ist es, jemanden schnöde zu verlassen. Wer etwas *schnöde* tut, dem mangelt es an Achtung, Respekt und Zuneigung für andere.

schnurstracks

Ohne Umschweife und Umwege – manche Menschen gehen auf dem kürzesten Weg, manchmal aber auch ohne nachzudenken, *schnurstracks* auf ihr Ziel zu. Als ob der Weg mit einer straff gespannten Schnur vorgezeichnet wäre …

Schürzenjäger

Früher waren Schürzen ein allgegenwärtiges Stück weiblicher Bekleidung: ob kleines Mädchen oder züchtige Hausfrau – alle trugen eine, und der Schürzenjäger war, so besagt das Wort, hinter jedem Weibsbild her, ob groß oder klein. Wie viele Schürzenschleifen er wohl im Allgemeinen so genüsslich aufzog? Vielleicht beliebte er ja nur zu schwadronieren.

schwadronieren

Prahlen, angeben, aufschneiden, aufbauschen …

Schwerenöter

Früher war ein Schwerenöter einer, dem man die »schwere Not« (Epilepsie) an den Hals wünschte und der das vielleicht sogar verdiente. Seit dem neunzehnten Jahrhundert schwächte sich die Bedeutung ab. Es ist keine Beschimpfung mehr, wenn ein Mann als Schwerenöter bezeichnet wird, auch wenn er die Herzen der Damen reihenweise bricht, dieser Playboy.

sinnen

Das alte Wort *sinnen*, das *nachdenken* bedeutet, ist nicht nur, wie man annehmen könnte, von dem Substantiv *Sinn* abgeleitet, sondern hat auch etwas mit *reisen* und *Weg* zu tun. Wer nachdenkt, schickt seine Gedanken auf die Reise, könnte man vielleicht sagen. Und wenn ein Mensch so richtig schön in Gedanken versunken ist, schaut er versonnen.

Sommerfrische

Sommer! Zeit aufs Land zu reisen, wo, anders als in der Stadt, ein frisches Windchen weht und wohlhabende Familien ihr Sommerhaus vor den Toren der Stadt besaßen. Kind und Kegel kamen mit, nur der Vater ging weiter seinen Geschäften nach und besuchte die Familie höchstens an den Wochenenden. Als es schließlich auch für breite Schichten möglich und erschwinglich wurde, Ferien zu machen, fuhr man in die Sommerfrische ans Meer oder in die Berge.

Speisewagen

Dining car, Bordrestaurant, Bordbistro – der gemütliche alte *Speisewagen* wird wohl bald der Erinnerung angehören. Am runden Stehtisch ein Bier auf die Schnelle? Na ja. Wie schön ist es aber, am weiß gedeckten Tisch auf das »Tagesmenü« zu warten. Die Landschaft flitzt vorbei, das Buch liegt aufgeschlagen vor einem, den Wein hat der Bordkellner schon gebracht, es könnte ewig so weitergehen …

Nichts ist ewig, sagen wir, und klappen das Buch zu. »In Kürze erreichen wir Zürich Hauptbahnhof. Dieser Zug endet hier.«

Sperenzien (Sperenzchen) machen

Wer sich gegen etwas sträubt oder sich ziert, macht vielleicht *Sperenzchen* – Schwierigkeiten – in der Hoffnung, dass ihm dies hilft (mittellateinisch *sperantia* = Hoffnung).

Spezereien

Spezereien stand früher manchmal über der Ladentür oder dem Fenster kleiner Läden, in denen es verführerisch duften konnte, denn Spezereien sind Gewürze. Man denke nur an den Duft der Lebkuchen. Das Wort leitet sich ab aus dem spätlateinischen *species* für Gewürz. Das Wort wurde aber auch für Apothekerwaren verwendet.

Spiegelfechterei

Die Spiegelfechterei ist ursprünglich ein Schau- oder Scheingefecht, bei dem die blanken Waffen nur glitzern, aber nicht treffen. Später nimmt der Ausdruck die Bedeutung heuchlerischen Vormachens an. Mit einer *Spiegelfechterei* gaukelt man etwas vor, was nicht ist. Man täuscht oder blendet.

spintisieren

»Der spintisiert sich was zusammen!« Manche Grübler kommen vor lauter Grübeln auf wunderliche Gedanken, die andere nicht mehr nachvollziehen können. Sie werden zu richtigen Spintisierern.

Springinsfeld

Seit dem Dreißigjährigen Krieg ist dieser Begriff im deutschsprachigen Raum verbreitet. *Springinsfeld* war zunächst ein Übername für alle, die leichtfüßig ins Feld und in die Ferne zogen: die Landsknechte und Handwerksgesellen. Aber auch Kobolde und den Teufel nannte man bei diesem Namen. Heute bezeichnet man als *Springinsfeld* einen wagemutigen, auch leichtsinnigen Menschen, der manchmal unbedacht, vor allem aber unbekümmert voranprescht.

Steckenpferd

Als Kinderspielzeug gab es das *Steckenpferd* – einen Stock, dem ein geschnitzter Pferdekopf aufgesetzt wurde – schon zu Beginn des siebzehnten Jahrhunderts. Die übertragene Bedeutung *Lieblingsbeschäftigung, Hobby* stammt vom englischen *hobby horse.*

Stelldichein

Im siebzehnten Jahrhundert hatte der Begriff noch eine martialische Bedeutung. Er bezeichnete eine Versammlung von Soldaten. Erst allmählich wurde das deutsche Pendant zum *Rendez-vous* daraus, nämlich das turtelnde Beieinandersein zweier Liebender.

Alle Dringlichkeit, die Liebende umtreibt, steckt in dem Wort: »Du wirst doch kommen? Wirst doch da sein? Dass du dich ja einstellst zum Stelldichein ...«

stibitzen

Streng genommen ist jemand, der etwas *stibitzt,* ein Dieb. Aber so streng nimmt es das Wort nicht. Eher denkt man dabei an einen frechen Spatz, der einem Gast im Gartenrestaurant etwas vom Teller stibitzt oder an Kinder, die schnell nach der Schokolade greifen, wenn man gerade nicht hinschaut.

Strauß ausfechten

Was es bedeutet, mit jemandem *einen Strauß auszufechten,* weiß man, wenn man die ursprüngliche Bedeutung von *Strauß* kennt: *Streit* oder *Gefecht.* Der Mutige stellt sich hier offen einem Konflikt.

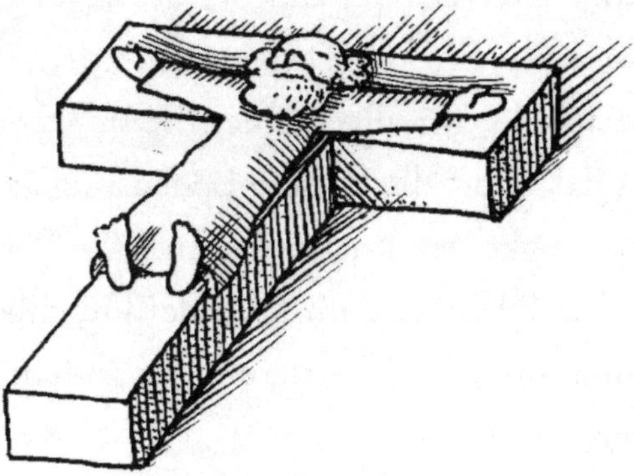

tändeln

Ursprünglich heißt *tändeln,* leichte Bewegungen zum Zeitvertreib, zum Vergnügen machen – also etwa ein kleines Kind auf den Knien zu schaukeln. Im allgemeinen Sprachgebrauch nahm das Wort die weitere Bedeutung an, sich mit Kleinigkeiten, Nichtigkeiten (*Tand*) spielerisch abzugeben, und im Spiel der Geschlechter bedeutet *tändeln* kokettieren, anbändeln oder neudeutsch flirten.

Tapet, aufs T. bringen

Wer etwas *aufs Tapet bringt,* hört auf, es unter den Teppich zu kehren: Er oder sie spricht dann eine Sache offen an und stellt sie zur Diskussion, macht sie »öffentlich«. Als *Tapet* bezeichnete man früher die Tischdecke in behördlichen Büroräumen und Sitzungszimmern. Das Thema kommt also *auf den Tisch.*

Jetzt wird gegessen, was auf den Tisch kommt!

Techtelmechtel

Das, was ein *Techtelmechtel* bezeichnet, gibt es schon seit Urzeiten, nur Adam und Eva konnten sich noch nicht daran freuen, denn das *Techtelmechtel* ist geheim, und Geheimnistuerei gab es im Paradies – zumindest vor dem Sündenfall – noch nicht. Wenn zwei *etwas miteinander haben,* es aber in geheimem Einverständnis nicht an die große Glocke hängen, haben sie ein *Techtelmechtel,* wo immer das Wort auch herkommen mag. Sicher ist nur, dass das Wort *Dechtlmechtl* im neunzehnten Jahrhundert aus dem Österreichischen in den deutschen Wortschatz gelangte. Manche Sprachforscher führen es auf einen hebräischen Ursprung zurück, andere beziehen es auf das italienische *teco meco – ich mit dir, du mit mir.*

Wie auch immer: Seit es mehr als nur zwei Menschen auf der Welt gibt, gibt es auch, zum Kummer der einen, zur Lust der andern das verschwiegene, oft nicht besonders ernsthafte aber unausrottbare Techtelmechtel.

Tete-a-tete

Wenn zwei, wie das französische Wort besagt, die Köpfe zusammen stecken, muss das noch nicht bedeuten, was im Deutschen mit dem langsam veralteten *Tete-a-tete* gemeint war: ein zärtliches Beisammensein zu zweit. Und wer heute zu seinem *Date* eilt, weiß noch lange nicht, ob auch ein *Tete-a-tete* daraus wird.

Tollhaus

Im Althochdeutschen und Mittelhochdeutschen schrieb man das Wort *toll* noch *tol* oder *dol* (mit nur einfachem *l*) und seine Grundbedeutung war *betäubt* beziehungsweise *bewusstlos*. Das *Deutsche Wörterbuch* von Jacob und Wilhelm Grimm umschreibt die moderne Bedeutung später so: »des oder wie des Verstandes und Bewusstseins beraubt und darnach sich geberdend, benehmend, unsinnig, wahnsinnig, tobsüchtig, wütend, rasend, unbändig, ausgelassen, leidenschaftlich, zornig, heftig, thöricht, närrisch, unvernünftig, verrückt, stumpfsinnig, wirre, dumm, wunderlich und dergl. je nach dem Zusammenhange.«

Das *Tollhaus* ist dementsprechend das *Narrenhaus,* die Irrenanstalt, in der es – bevor es Medikamente zur Sedierung und Beruhigung gab – oft wirklich »toll« zu- und herging.

Im Gegensatz dazu ist das Wort *toll* heute zu einem sehr farb- und harmlosen Begriff verkommen – es meint nicht mehr und nicht weniger, als dass wir etwas großartig finden. Nur im Wort *Tollhaus* (»Bin ich hier im Tollhaus oder was?«) schwingt noch der Furor mit, der ursprünglich einmal in dem Ausdruck steckte.

Transuse

»Ist das eine Transuse!« haben unsere Mütter noch geseufzt, wenn sie endlos auf ihre Freundin warten mussten, die nie und nimmer zur Zeit fertig wurde. Heute, wo alle *gespeedet* bis dort hinaus sind, gibt es natürlich keine Transusen mehr. Als *tranig* bezeichnet zu werden, wäre eine arge Beschimpfung. Und der zähflüssige Lebertran, der den Kindern nach dem Krieg verabreicht wurde, damit sie doch noch groß und stark wurden, ist weitgehend in Vergessenheit geraten.

triezen

»Der (oder die) hat mich ganz schön getriezt!« ist ein Ausdruck, der immer seltener gebraucht wird, obwohl er bildhaft und lautmalerisch ist. Das hängt wohl damit zusammen, dass kaum noch jemand weiß, was eine *Trieze* ist – nämlich eine Winde, eine Rolle mit durchlaufendem Tau zum Heben von Lasten. Wer *getriezt* wird – zum Beispiel in einer Prüfung – der wird einigermaßen geplagt und gequält. Man könnte auch sagen: *in die Mangel genommen.* Aber auch die Waschküche und damit die Wäschemangel ist ja aus den meisten Häusern schon lange verschwunden …

trollen, sich

Sich davon zu trollen, kann manchmal die beste Alternative sein: *Sich davon machen* ist die heute gängigste Bedeutung des alten Wortes *trollen*. In manchen Regionen ist der Ausdruck gutmütig gemeint – der, der sich da ein wenig unbeholfen und nicht eben eilig davon trollt wie ein Brummbär, lässt einfach ab von seinem eigentlichen Vorhaben, aber er begeht keine Fahnen- oder Fahrerflucht.

Im Mittelhochdeutschen meinte *trollen* in *kurzen Schritten laufen,* und ein *trolle* war ein Tölpel, ein ungeschickter Mensch. Der *Troll* hingegen war ein Unhold aus dem Reich der Geister.

überkandidelt

Eine *überkandidelte Person* ist meist weiblichen Geschlechts, überspannt und manchmal auch ein bisschen übergeschnappt. Gut möglich, dass sie auch noch *aufgetakelt* daher kommt und damit den letzten Mann in die Flucht schlägt.

überschnappen, übergeschnappt

Übergeschnappt können hingegen auch Männer sein. »Der ist wohl übergeschnappt«, heißt es in der Umgangsprache, was bedeuten soll, dass dieser Mensch offenbar verrückt geworden ist. Er *tickt nicht mehr richtig* beziehungsweise hat wohl *nicht mehr alle Tassen im Schrank* – die Sprache ist sehr erfinderisch und bildreich, wo es um die vermeintliche Verrücktheit anderer geht.

Ursprünglich bezieht sich das Wort *überschnappen* allerdings ganz harmlos auf ein Türschloss, das nicht richtig funktioniert.

unbändig

Wann haben Sie sich zum letzten Mal *unbändig* gefreut? So, dass Sie gar nicht mehr zu halten waren vor Begeisterung?

Das alte Wort *bendich* wird in der älteren Weidmannssprache als Lob für Hunde gebraucht, die sich gut am *bant,* am Leitseil, führen lassen. Auch das gegenteilige Wort *unbändig* wurde zuerst nur für Hunde gebraucht: *durch kein Band gehalten.* Erst viel später ging der Ausdruck in den allgemeinen Sprachgebrauch ein, wo er vor allem in Bezug auf Kinder gebraucht wurde. Heute werden Kinder, die *unbändig* oder hyperaktiv sind, eher mit Medikamenten still und *an die Leine* gelegt.

Ungemach

Was Not und Sorgen angeht, so war das Leben schon immer reich damit gesegnet, und entsprechend gibt es schon seit den Anfängen der deutschen Sprache eine unübersehbare Anzahl von Wörtern, welche die *Unbill* des Lebens beschreiben.

Das Wort *Ungemach* ist das Gegenstück zu mittelhochdeutsch *gemach* = Ruhe, Behagen, Bequemlichkeit, Pflege, und ist damit all das, was die Ruhe, den Frieden und das Behagen stört.

Während das *Gemach* auch für das Zimmer steht, in dem man sich pflegt und die Bequemlichkeit genießt, bricht das *Ungemach* unvorhergesehen und meist von außen über uns herein – als Mangel, Störung, Streitigkeit, Krankheit, Schicksalsschlag.

unbehaust

»Wer jetzt kein Haus hat, baut sich keines mehr / Wer jetzt allein ist, wird es lange bleiben«, heißt es in Rainer Maria Rilkes Gedicht *Herbsttag*.

Man kann durchaus ein Zuhause haben und sich doch *unbehaust* und fremd in der eigenen Umgebung fühlen. Denn das melancholische Gefühl der Verlorenheit in der Welt ist nicht unbedingt vom eigenen »Dach über dem Kopf« abhängig, ja nicht einmal davon, ob wir allein sind. Vielmehr spiegelt sich im Gefühl der Unbehaustheit die jähe Erkenntnis, dass wir weder wissen, woher wir kommen, noch wohin wir gehen …

ungeschlacht

Ein Grobian, wer sich so unmanierlich, tölpelhaft, roh und plump, so *ungeschlacht* benimmt, dass einem graust.

Der Begriff *ungeschlacht* geht ursprünglich auf das Wort *Geschlecht* zurück. Wer seinen (edlen) Ahnen nicht nachschlug, sich seines Geschlechtsnamens nicht würdig erwies, war *ungeschlacht* – nicht in der Art und Beschaffenheit seines Geschlechts.

Später verselbständigte sich das Wort und bezeichnete nun sowohl die äußere Erscheinung (massig, unförmig, unfein, grobschlächtig) als auch einen Charakter, dem es an Feinheit, Kultur und Manieren mangelt.

unken

Erst allmählich bürgerte sich das Wort *Unke* als Bezeichnung für die Kröte ein – ursprünglich hießen auch Schlangen Unken.

Die Dichter der Romantik beschrieben anschaulich die Kröten-Unkenrufe, die jammernd, wimmernd, stöhnend des Nachts aus den Schlossteichen drangen. Und von daher leitet sich wohl die umgangssprachliche Bedeutung des Verbs *unken = Unglück prophezeien* ab.

unpässlich

Ach, wer kann sich heute schon noch leisten, *unpässlich* zu sein! In Zeiten, in denen Mobilität, Flexibilität, Anpassungsfähigkeit und ständige Leistungssteigerung erwartet werden, macht sich der leicht gezierte Ausdruck, hinter dem sich vieles verbergen kann, gar nicht gut. Denn wer *unpässlich* ist, der fühlt sich nicht wohl, körperlich oder seelisch, und entzieht sich deshalb für eine kurze Zeit seinen gesellschaftlichen und/oder Arbeitsverpflichtungen.

Dass jemand – wenn auch nur vorübergehend – nicht ins erwartete Bild *passt* und entsprechend funktioniert (denn von dem Wort *passen = angemessen, gelegen sein* stammt der Begriff *unpässlich* ab), gilt nicht.

Vorbei die Zeiten, als man sich als Mädchen noch dem Turnunterricht entziehen konnte, wenn die Mutter einen Entschuldigungszettel schrieb: »Meine Tochter ist leider unpässlich« …

unstet

Ein *unsteter* Blick, ein *unstetes* Leben – der Begriff *unstet* löst Unbehagen aus, denn der Mensch strebt im Allgemeinen nach Stabilität und Sicherheit, wenn er nicht gerade das Abenteuer vermisst. Auf einen unsteten Menschen aber kann man sich nicht verlassen, er ist mal hier, mal dort, getrieben von einer Unrast, die bürgerliches Wohlbehagen verhagelt. Der unstete Mensch kann nicht bleiben, wo er sich einmal niedergelassen hat, nicht bei den einmal gefassten Gedanken und Vorhaben und auch nicht bei seinen Leisten, wie dem Schuster gern angeraten wird. Er scheint getrieben und doch nicht glücklich.

unverfroren

Dieser Ausdruck, der benutzt wird, um ein furchtloses, aber auch unverschämtes, rücksichtsloses Verhalten zu beschreiben, ist nicht vom Untergang bedroht – nur wissen wir schon lange nicht mehr, wo er eigentlich herkommt. Mit Frieren hat er nämlich gar nichts zu tun. *Unverfrorene* Menschen behalten zwar vielleicht einen *kühlen Mut*, leiden aber nicht mehr und nicht weniger unter Hitze und Kälte als andere Menschen. Das Wort hieß eigentlich *unververt* und bedeutete, ausgehend von *ververen = erschrecken, unerschrocken*. Der gleiche Wortstamm findet sich in unserem Wort *Gefahr*, von *vare = Gefahr, Furcht*. Irgendwann verstand man das Wort *unververt* nicht mehr und bildete es so um, dass es einen Sinn zu geben schien.

unverzagt

Ohne Zittern und Zagen, also ohne Zaudern, Zögern, Zweifel geht der *Unverzagte* seinen Weg, allen Angst machenden Hindernissen zum Trotz. Seine Hoffnung und sein Glaube, dass gelingen wird, was er sich vorgenommen hat, sind unverwüstlich.

unwirsch

Im Mittelalter hatte das Wort *wirde* die Bedeutung *Wert. Unwirdesch* oder *unwirdisch* bedeutete demnach *ohne Wert, unwert, verächtlich*. Im Neuhochdeutschen wurde daraus *unwirdsch* und schließlich *unwirsch* – allerdings mit der neuen Bedeutung *mürrisch, verärgert*. Über längere Zeit gar nicht mehr gebraucht, tauchte das Wort endlich im neunzehnten Jahrhundert wieder auf. Und während *mürrisch* eben einfach »mürrisch« klingt, liegt in dem Wort *unwirsch* ein gewisses Ungehaltensein und Aufbegehren, das doch eine feine Nuance birgt, die sich sprachlich zu bewahren lohnt.

verargen

»Das kann mir niemand verargen« – dieser heute etwas altmodische Ausdruck bezieht sich auf das sehr alte Wort *arg* für *Böses, Übel* und bedeutet: »Das kann mir niemand übel nehmen.«

Wie das *verargen* ist auch der Begriff *Er oder sie hat ganz ohne Arg gehandelt* nicht mehr gebräuchlich. *Ohne jede böse Absicht* würden wir heute sagen, wenn wir anderen gegenüber arglos genug sind.

verbalhornen

Wo Johann Balhorn Buchdrucker war, darüber gibt es verschiedene Angaben. Aber Buchdrucker war er, und zwar im sechzehnten Jahrhundert. Allerdings ist sein Ruhm eher unrühmlich, denn sein Name steht bis heute für das Verschlimmbessern von Texten. Dabei musste der arme Buchdrucker vermutlich seinen Kopf hinhalten für Veränderungen, die nicht er, sondern Bearbeiter und Autoren zu verantworten hatten.

verbrämen

Wer etwas *verbrämt,* so die heutige Bedeutung, der beschönigt die Sache oder die Tat, von der er spricht – er verschleiert etwas, frisiert es, schönt es. Ursprünglich bedeutete *verbremen,* ein Kleidungsstück mit einem Rand oder Saum versehen, denn *brem* ist das mittelhochdeutsche Wort für *Rand.* Schon bald aber meinte *verbremen* ganz allgemein *verzieren.*

In unserer Zeit des globalen Kapitalismus muss man vielleicht die eigenen (selbstsüchtigen) Absichten kaum noch verbrämen. Man darf sie offen aussprechen, ohne abgestraft zu werden und kann das Wort deshalb getrost vergessen.

Verderbtheit

Auch dieses Wort scheint heute gegenstandslos zu werden, denn es bezeichnet eine moralische Verdorbenheit, die Johann Gottlieb Fichte einst so definierte: »Die Selbstsucht ist die Wurzel aller andern Verderbtheit.«

verfranzen

Wer sich *verfranzt,* hat sich hoffnungslos verirrt oder in einer Rede den Faden verloren. Das Wort stammt ursprünglich aus der Fliegersprache. Wenn man durch einen Navigationsfehler vom Kurs abkam, hatte man sich *verfranzt.*

verhunzen

Schon der Klang lässt ahnen: Hier geht es um nichts Gutes!

Im siebzehnten Jahrhundert tritt das Wort neben der Urform *hunzen = jemanden wie einen Hund behandeln* auf. Gotthold Ephraim Lessing führte das Wort in die Schriftsprache ein. Eine *Sache verhunzen* bedeutet seitdem, sie zu verderben und zu verunstalten – zum Beispiel die Sprache!

verknusen

Es ist ganz und gar kein Kompliment, wenn man zu dem Urteil kommt: »Den oder die kann ich einfach nicht verknusen«, weil man damit ausdrückt: Die Anwesenheit dieses Menschen kann ich gar nicht vertragen, die schlägt mir – sozusagen – auf den Magen. Denn das Wort bedeutet eigentlich, eine Speise nicht verdauen können.

Der Ausdruck bezieht sich aber nicht ausschließlich auf schwer erträgliche Mitmenschen. Es kann auch sein, dass Sie ein erlittenes

Unrecht, eine falsche Beurteilung usw. *nicht verknusen,* also *nicht verdauen* können …

vermaledeit

»Verflucht sei der vermaledeite Bösewicht!« Hier wird doppelt gemoppelt, denn auch *vermaledeit* heißt *verflucht.* Das Wort leitet sich ab vom altfranzösischen *maldire;* schon seit dem dreizehnten Jahrhundert vermaledeit man seine Feinde mit diesem viel sagenden Ausdruck, den es auch schon im Lateinischen gab: *maledicere.*

verpönt

Vieles war früher *verpönt,* was heute gang und gäbe ist. Aber Nasepopeln in der Öffentlichkeit fällt heute wohl immer noch unter dieses Verdikt. Im späten Mittelalter entstand das Wort *verpenen* (*verpönen*), zu lateinisch *poena,* die

Strafe. Die frühneuhochdeutsche Bedeutung *mit einer Geldstrafe belegen* wandelte sich im achtzehnten Jahrhundert zu *etwas als strafbar hinstellen*.

verquast

Wer sich *verquast* ausdrückt, redet verworrenes Zeug, dem keiner folgen kann. Er vergeudet die Aufmerksamkeit seiner Zuhörer, könnte man sagen. Grimms »Deutsches Wörterbuch« führt unter dem Verb *verquasen, verquassen* nämlich die Bedeutung *vergeuden* an und, bezogen vor allem auf Lebensmittel, *Esswaren unnütz verderben lassen*.

wacker

Das Wort *wacker* könnte zum Beispiel folgendes Bild heraufbeschwören: Die Oma stellt einen großen, gut gefüllten Teller vor das Kind hin und sagt aufmunternd: »Nun iss mal wacker!« Und das Kind macht sich mit einer Mischung von Appetit und Tapferkeit an seine Aufgabe …

»Hast dich wacker geschlagen«, sagt die Oma schließlich anerkennend …

Im Mittelalter meint *wacker*: *frisch, hurtig, wachsam;* auch die Bedeutungen *tapfer, brav, munter* treten bald hinzu.

Und wenn die Oma dem Kind den Teller hinstellt, weiß sie zwar höchst wahrscheinlich nicht, dass *wacker* auch mit dem Wortstamm *wecken = lebenskräftig sein* zu tun hat, aber sie ist sich ihrer Sache trotzdem sicher: Wer brav isst, wird auch lebenskräftig!

wähnen

»Ich wähnte mich im Himmel«, hieß es früher altmodisch, wo heute die Verben *glauben* oder *meinen* verwendet werden.

Der *Wahn*, von dem sich *wähnen* ableitet, war im Mittelalter nicht so negativ besetzt wie heute. *Wahn* bedeutete damals *Hoffnung, Erwartung, Meinung* und *wähnen erwarten*. Etwas von *hoffen, erstreben, wünschen* lag auch darin.

Wunsch und Wahn können eben nahe beieinander liegen.

währen

»Was lange währt, wird endlich gut.« In diesem Sprichwort hat sich unser Wort in die Gegenwart gerettet, denn sonst redet kaum noch jemand davon, dass es wieder endlos *währte*, bis man bei der Auskunft endlich jemanden ans Telefon bekam. Es hat einfach ewig *gedauert*.

Wehmut

»In der Gegenwart leben«, lautet die Glücksdevise unserer Tage. Schlechte Zeiten für *wehmütige* Gefühle, denn die richten sich oft auf Vergangenes, auf das, was wir verloren haben und nie mehr erlangen werden: die Kindheit, die erste Liebe, das Aufbruchstemperament der Jugend, Menschen, die nicht mehr sind, Dinge, die wir tun konnten, als wir noch gesünder waren.

Im Fitness-Studio kommen melancholische, nostalgische Gedanken gar nicht erst auf: Unsere vorwärts hastende Gesellschaft fürchtet sich davor. Dafür nimmt die »krankhafte Melancholie«, nehmen Depressionen mehr und mehr zu.

Vielleicht braucht der Mensch doch Vergangenheit und die – zuweilen – wehmütige Auseinandersetzung damit?

Ursprünglich bedeutete *wehmuth* etwas ganz anderes als das stille, geläuterte Gefühl, das wir heute darunter verstehen, nämlich *Zorn*. Noch

Martin Luther benutzt das Wort in diesem Sinne.

Erst im Laufe des siebzehnten Jahrhunderts verblasst der Bedeutungsanteil der Feindseligkeit gegen einen bestimmten Gegner. Die *Wehmut* wird nun verstanden als *tiefe, innere, gleichmäßige Trauer*, oft in Verbindung mit Liebe und Abschied, der Trennung von geliebten Menschen oder der Heimat.

Weiher

Das Wort *Teich* hat den *Weiher* weitgehend verdrängt. Dabei hat der *Weiher* eine alte und reiche Geschichte innerhalb der deutschen Sprache.

Im Gegensatz zu einem See konnte der Weiher – ein künstlich angelegter Fischteich – nach Bedarf abgelassen werden. Er bildete einen wertvollen Teil des Landbesitzes: Er diente der Fischzucht, die Herden weideten in der Nähe und fanden hier eine Tränke. Der Weiher zog

Wild und Vögel an, die man jagen konnte, aber auch Geister und Nixen hausten nach Volksmund und Märchen an diesem Ort.

Gleichzeitig war der Weiher Teil der Befestigung eines Hofes oder einer Burg, und nicht selten wurde jemand verbrecherisch im Weiher ertränkt oder nahm sich dort das Leben.

Weltenbummler

Die Rucksacktouristen schwärmen immer noch aus bis in die letzten Winkel dieser Erde, aber die weißen Flecken auf dem Globus sind verschwunden. Die Welt ist global vernetzt, und der Tourist hat die Bilder bereits im Kopf, die er am Ziel seiner Reise mit eigenen Augen sehen wird. Der *Weltenbummler* ließ sich treiben und überraschen: Er entdeckte noch, wie der Plural so schön sagt, nicht nur eine, sondern viele neue Welten.

Wermutstropfen

Vieles, was uns besonders schön erscheint, enthält auch einen *Wermutstropfen*, einen kleinen, bitteren Beigeschmack, der das Paradies trübt, die »Vollendung« verhindert, die »Bäume nicht in den Himmel wachsen lässt«. Der Wermutstropfen erinnert uns daran, dass wir endlich sind und dass es das perfekte, dauernde Glück nicht gibt. Er ist die bittere Arznei, die wir brauchen, damit es uns gelingt, uns mit dem Menschenmöglichen zu bescheiden.

Die stark riechende, bitter schmeckende Wermuth-Pflanze spielte schon immer eine wichtige Rolle als Gewürz, vor allem aber in der Heilkunde und – im Aberglauben – auch als Zaubermittel.

Wildfang

Immer seltener heißt es zärtlich von einem lebendigen, abenteuerlustigen, unerschrockenen Kind: »So ein Wildfang!«

Das anerkennende, liebevolle Kosewort für Kinder ist die letzte Bedeutungsform, die das uralte Wort *Wildfang* im Laufe seiner Geschichte angenommen hat. Ursprünglich ein Begriff, der den Fang von Wild mit Hilfe von Fallen und Netzen beschrieb (vgl. Vogelfang), bezeichnete er später auch den Ort, wo die Jagd stattfand, nämlich das Jagdrevier, und die Jagdbeute selbst, das gefangene Wild – vor allem Falken und Habichte, die man lebend einfing, um sie zu zähmen und wiederum zur Jagd abzurichten.

Später benutzte man das Wort für wild aufgewachsene Pferde und schließlich für heimatlose, umherirrende und –ziehende Menschen: Landstreicher, Flüchtlinge, Verbannte.

Dann schwächte sich die Bedeutung ab. Ein *Wildfang* war nun ein unbändiger, eigensinniger

Mensch, ein Taugenichts. Mit der Zeit ging die negative Beimischung verloren, das Wort wurde zum harmlosen Kosewort für Kinder.

Windhose

Heute hat sich der Begriff *Tornado* durchgesetzt und das Wort *Windhose* praktisch verdrängt. Erfreuen wir uns noch einmal an dem bildhaften Charakter dieses Wortes, bevor es ganz verschwunden ist …

wohlfeil

»Ein Schnäppchen«, würde man heute sagen, wenn man etwas zu einem sehr günstigen Preis – eben *wohlfeil* – erwirbt. *Feilhalten* ist ein nicht mehr gebräuchliches Wort für das Anbieten, Anpreisen und Verkaufen einer Ware.

Wohlwollen

Wenn jemand als *wohlwollend* bezeichnet wird, so schwingt dabei leicht eine gewisse Kritik mit: Man assoziiert mit einer *wohlwollenden Geste* eine gönnerhafte Attitüde, eine gewisse Herablassung, die jemand, der es besser weiß oder der mehr besitzt, einem armen Hascherl (meist weiblichem Geschlechts) angedeihen lässt.

Dabei wäre das Wohlwollen eine durchaus erstrebenswerte Eigenschaft, wenn man sich die Synonyme anschaut: Güte, Freundlichkeit, Menschenfreundlichkeit, Mitgefühl, Warmherzigkeit, Hilfsbereitschaft, Liebenswürdigkeit, Freigebigkeit, Toleranz, Gönnerschaft, Zuneigung.

wundersam

Das schöne Wort *wundersam* ist heute dem nüchtern entzauberten Begriff *sonderbar, merkwürdig* schon fast gewichen.

Am ehesten lebt es noch in der *wundersamen Heilung* fort, dort, wo jemand die Erfahrung macht oder glaubt, *wie durch ein Wunder,* auf unerklärliche Weise gesund geworden zu sein.

In seiner ursprünglichen Bedeutung war das Wort *wundersam* eng mit dem Religiösen verknüpft. Dann weitete sich der Begriff aus und meinte auch: *geheimnisvoll, schicksalhaft, märchenhaft* und schließlich *außerordentlich* oder einfach *absonderlich.*

Das Wunder ist also eher auf dem Rückmarsch. Trotzdem bleibt die Sehnsucht nach dem Wunder und dem wundersamen »Wunderbaren« im Menschen tief verwurzelt.

Xanthippe

X – dieser Buchstabe des Alphabets kommt im Deutschen nur selten vor. Aber ein Wort haben wir, das langsam aus dem Sprachgebrauch verschwindet, weil es inzwischen als *political incorrect* gilt: die *Xanthippe*. So haben die Männer gern ihre Frauen tituliert, wenn sie am Biertisch mit anderen Männern zusammen saßen: *Xanthippe* – wie die berühmt-berüchtigte zänkische Ehefrau des griechischen Philosophen Sokrates.

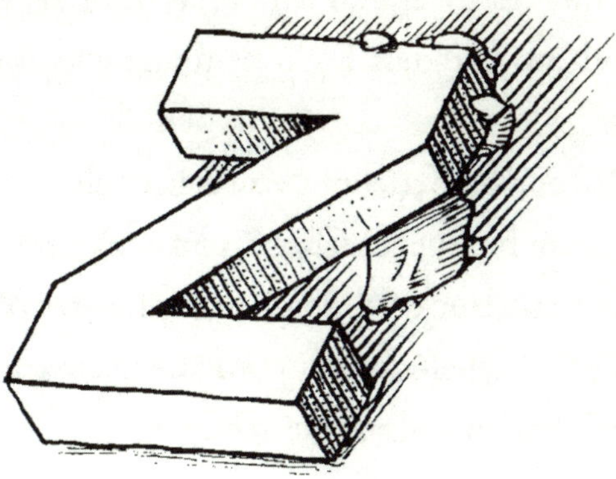

zausen

Der Wind *zaust* uns die Haare, er zupft, zerrt, reißt und zieht daran. Früher hat der Lehrer das ab und an mit den Haaren unartiger Schüler getan.

Weil *zausen* bedeutet, etwas Einzelnes aus einer Masse herauszuziehen, ist das *Zausen* auch ein Fachausdruck für das Auszupfen der Wolle, das Baumwolle Rupfen und das Auseinanderlesen von Fäden ganz allgemein.

zischeln

Flüstern, aber so, dass die Zischlaute besonders hervortreten – das ist *zischeln*. Meist braucht man das Wort in der Wendung *Jemandem etwas ins Ohr zischeln*.

Der Begriff enthält immer etwas von Heimlichkeit und Heimlichtuerei – da wird leise getuschelt und zwar so, dass die anderen es bemerken, aber nicht hören können, was gesprochen wird.

Nicht umsonst erinnert das Wort mit all diesen Bedeutungen an das Zischeln der Schlange …

Zuber

Die Waschmaschine hat den *Waschzuber* schon lange verdrängt, aber den Gegenstand kennen wir vielleicht noch: jenes große, gerade noch zu tragende Wassergefäß, das mehr Inhalt fasst als ein Eimer. Im *Zuber* weichte man die Wäsche ein und spülte sie, für die kleinen Kinder diente er als Badewanne oder im Sommer zum Plantschen im Garten. Wenigstens bei der Weinlese und Weinzubereitung spielt der Zuber aber auch heute noch eine Rolle.

zwirbeln

Ja, als es noch richtige Schnurrbärte gab, da zwirbelten die Herren die Enden ihrer Schnurrbärte nach oben, dass es eine Lust war. Man kann den kleinen Mädchen aber auch Löckchen *zwirbeln* (*drehen*) oder einen Faden zwischen Daumen und Zeigefinger *zwirbeln,* bis er durchs Nadelöhr passt.

Alles besser, als andere Menschen zu *zwirbeln,* nämlich zu plagen und zu quälen.

zwitschern, einen

Vögel zwitschern, das weiß jeder. Aber der Ausdruck *einen zwitschern* gerät langsam in Vergessenheit. *Einen zwitschern* bedeutet, sich *einen zur Brust nehmen,* am ehesten einen Schnaps oder zwei, und dann fröhlich zu werden wie ein Vöglein.

ISBN 978-3-85179-019-1

Illustrationen: Egbert Herfurth
Umschlaggestaltung: Stefan Hilden, München
Layout und Satz: Christine Paxmann, München
Druck und Bindung: Grasl Druck & Neue Medien, Bad Vöslau

www.thiele-verlag.com